Zum weiter Ankommen!

A   [...]

Weihnachten!

Deine Hannah

TILL RAETHER

DRINNEN

Vom Einziehen
und Ankommen

ISBN 978-3-7160-0021-2

Originalausgabe
1. Auflage 2024
© 2024 Arche Literatur Verlag,
ein Imprint der Atrium Verlag AG, Zürich
© 2024 Till Raether
Alle Rechte vorbehalten
Umschlaggestaltung: DIEK Design / Sarah M. Hensmann, Jemgum,
unter Verwendung eines Motivs von © Mari Saito 2024
Gesetzt aus der Dante MT
Satz: Pinkuin Satz und Datentechnik, Berlin
Druck und Bindung: CPI books GmbH, Leck
Printed in Germany

www.arche-verlag.com
Instagram: arche_verlag

*Für Alena Schröder,
virtuelle Mitbewohnerin*

INHALT

11 MERK DIR, WAS DU GETRÄUMT HAST: **WOHNEN IST LEBEN**

21 PRIMELN FÜR ALLE: **RICHTIG ANKOMMEN**

29 WOHIN MIT DEN BÜCHERN: **DIE UNORDNUNG DER DINGE**

39 DAS IST DOCH UNSER SOFA: **ABSCHIED VON DER INDIVIDUALITÄT**

47 LORIOTS FERNSEHER: **WOHNT MAN, WIE MAN IST, ODER UMGEKEHRT?**

53 DIE BALLADE VOM MAULSCHLÜSSEL: **LEBEN MIT PROVISORIEN**

61 DIE SCHUHE BLEIBEN AN/AUS: **NÄHE UND DISTANZ**

69 DIE GEKLAUTE FUSSMATTE: **HAUSWARTSLEUTE UND NACHBARSCHAFTSSTREIT**

- 81 DAS GLÜCKLICHE BETT: **SCHLAFEN UND AUFWACHEN**

- 89 EINE ECKE FÜR MICH SELBST: **EINANDER PLATZ MACHEN**

- 101 WER IM GLASHAUS WOHNT: **BEDÜRFNISSE UND IDEALE**

- 109 RUDERMASCHINE UND ZITTERSPINNE: **DRINNEN GEGEN DRAUSSEN**

- 117 RUHE IM KARTON: **HEIMAT UND GEMÜTLICHKEIT**

- 123 KIPP IST NICHT GENUG: **EIN PLÄDOYER FÜR DIE STOSSLÜFTUNG**

- 131 DIESE MATRATZE SPRÜHT KEINE FUNKEN MEHR: **BALLAST ABWERFEN**

- 139 NACHTZUG NACH PARIS: **MITBEWOHNERINNEN UND MITBEWOHNER**

147 BABYFISCHE: **LEBEN MIT (UND STERBEN VON) HAUSTIEREN**

155 STADT, LAND, SCHLUSS: **WOHNEN IST UNTERWEGS SEIN**

159 EIN BLICK IN DIE VORRATSKAMMER: **WEITERFÜHRENDES AUS KUNST UND KULTUR**

MERK DIR, WAS DU GETRÄUMT HAST:
WOHNEN IST LEBEN

Es gibt diesen Moment, wenn alle anderen weg sind. Egal, wo man und mit wem man gerade irgendwo eingezogen ist. Ob allein in ein WG-Zimmer oder ins Studentenwohnheim. Als Paar in die erste gemeinsame Wohnung. Als Familie in ein Reihenhaus. Frisch geschieden in die Wohnung in der Nähe der Schule der Kinder. In das vernünftige, aber kleine Apartment in der Seniorenwohnanlage.

Egal, ob mithilfe von Freundinnen und Freunden, eines Umzugsunternehmens oder ganz allein, mit ein paar Kartons und blauen Ikea-Taschen voller Anziehsachen und Kleinkram. Mit eigenen Möbeln oder in die Einrichtung von anderen, vielleicht zur Zwischenmiete.

Egal, wie, wo, mit wem oder ohne wen: Es kommt der Moment, da ist man allein in der neuen Wohnung. Die Tür zum WG-Zimmer geht zu, die anderen, die hier wohnen, gehen ins Bett. Der Mensch, mit dem man von jetzt an zusammenwohnt, liegt neben einem und ist schon eingeschlafen oder tut so. Die Kinder haben ihre neuen Zimmer erobert, das neue Haus oder die neue Wohnung knackt und seufzt, fremde Geräusche, unvertraute Schatten, der Geruch von Pappe, Holz und Dispersionsfarbe.

Ich habe in meinem Leben viele erste Momente in neuen Wohnungen und Zimmern verbracht, unter ganz unterschiedlichen Umständen. Mal war ich ganz allein, in einem Studentenwohnheim in New Orleans, und die Klimaanlage war so laut, dass ich meine eigenen Gedanken kaum verstand, und ich fühlte mich so einsam, dass ich dankbar war, als wenigstens eine Kakerlake durchs Bild lief. Mal hatte ich, obwohl es Ende der Achtziger- und nicht Anfang der Fünfzigerjahre war, eine Zimmerwirtin, in einem alten Haus am Stadtrand von München, und mein Zimmer hatte eine Waschnische, selbst geknüpfte Wandteppiche und eine Obstschale, morgen sollte meine Journalistenausbildung anfangen, und noch nie war ich so weit weg von zu Hause und so am richtigen und falschen Ort zugleich. Mal lag ich allein in der Zweizimmerwohnung in Wilmersdorf, die ich mir mit einem Freund erschlichen hatte, denn der Wohnberechtigungsschein galt eigentlich für seinen Bruder und ihn, und ich hörte, wie die Schritte meines Freundes sich im Treppenhaus entfernten, weil er die erste Nacht lieber noch aufschieben und stattdessen zu seiner Freundin fahren wollte. Mal lag ich mit Jetlag und Herzklopfen wach neben meiner amerikanischen Freundin in der Wohnung, die sie für uns beide in Seattle gemietet hatte, endlich keine Fernbeziehung mehr, und konnte mein Glück und meine Furcht kaum fassen. Mal war ich wieder zurück in Deutschland und hasste meine halb leere, kalte Wohnung, die mir fremd geworden war, weil meine Untermieterin sie abgewohnt und die Miete nicht mehr überwiesen hatte, und alle meine in den Keller weggeräumten Bücher waren bei einem Rohrbruch zu Pappmaschee verschmolzen. Mal bin ich mit der Frau, die ich zwei Jahre später geheiratet habe, in unsere erste gemeinsame Wohnung in Hamburg gezogen, und über uns trampelte laut und demonstrativ die Hauswartsfrau, mit der wir es uns bereits beim Einzug verscherzt hatten. Mal war es eine Woche vor Weihnachten, im viel zu spät fertig gebauten Neubauviertel, und an unserem Fußende stand das Kinderbett mit unserer zehn Wochen alten Tochter, unser drei Jahre alter Sohn lag zwischen uns. Dreißig Jahre, dachte ich beklommen. So lange werden wir das Ding abbezahlen. Wie soll das gehen? Wie weit ist das weg. Inzwischen sind es nur noch zwölf. Aber die dreißig Jahre fingen an mit der ersten Nacht.

Ganz zu schweigen vom ersten Abend, der ersten Nacht in der Einliegerwohnung im Souterrain eines Fertighauses in einem Vorort der Kleinstadt Coburg, am Wochenende vor meinem ersten Praktikum; der ersten Nacht im Kinderzimmer unserer neuen Wohnung in Berlin, einen Monat vor meiner Einschulung; in meiner zwanzig Quadratmeter großen ersten eigenen Wohnung in Hamburg, mit Küchenzeile und Vollbad, sodass fürs Zimmer neun Quadratmeter blieben, die zur Hälfte weg waren, als ich den Futon zum ersten Mal aufklappte; meinem allerersten Bett in Hamburg im fensterlosen Hobbykeller eines Kollegen meines Vaters, in der Woche vorm Mauerfall.

Und so weiter. Ich bin sehr oft umgezogen, aber das Gefühl in diesem ersten Augenblick allein war immer dasselbe. Eine Mischung aus Beklommenheit und Zuversicht. Das Chaos steckt einem noch in den Knochen, die unfassbare Anstrengung, die damit verbunden ist, das eigene Leben komplett auf den Kopf gestellt, vollständig aus- und halbwegs wieder eingeräumt zu haben. All die Entscheidungen, die dazu führen, dass man plötzlich ganz woanders ist als noch bis gestern und vorige Woche. All das Glück, das man gehabt hat, die Kompromisse, die man geschlossen hat, die Abstriche, die man gemacht hat.

Die Risiken, die man eingegangen ist. Ist das der richtige Ort? Ist das der richtige Mensch hier neben mir oder im anderen Zimmer? Bin ich der richtige Mensch oder einfach nur eine Summe von halbherzigen Entscheidungen, die ich bis zu diesem Moment getroffen habe?

Ich glaube, ich hätte mich gern ein, zwei Stunden hingesetzt und meine Gedanken sortiert. Vielleicht, indem ich etwas lese, worin ich mich wiederfinde oder wovon ich mich abgrenzen kann. Etwas, was mich aufheitert, indem es meine positiven Gefühle verstärkt und meine nicht so positiven auffängt und ernst nimmt, vielleicht aber auch auflöst und nicht so ernst nimmt, wie sie sich selber nehmen. Das heißt, ich hätte gern das gehabt, was dieses Buch sein möchte.

Es ist ein Buch übers Wohnen, aber nicht in dem Sinne, dass man mit Designklassikern nichts falsch machen kann oder was doch; dass es Vorteile hat, Bücher nach Umschlagfarben zu sortieren, aber dass man dann künftig mit jedem neuen Besuch wieder darüber reden muss; dass man am schnellsten und effektivsten völliges Chaos aufräumt, indem man beim Wegräumen die Reihenfolge Müll, schmutziges Geschirr, Schmutzwäsche, Spielsachen, Papier und Bücher einhält; dass man es behaglicher hat mit punktueller als allgemeiner Beleuchtung und so weiter. Zwar schwingt hier und da das eine oder andere davon mit, und irgendwo werde ich sicher erwähnen, dass für mich das Schönste wäre, mit Sofa in der Küche zu wohnen, und dass ich meine Bücher gar nicht ordne, und warum.

Aber eigentlich ist Wohnen doch die unmittelbarste, alltäglichste und konkreteste Art zu leben. Wie wir einander in der Wohnung Platz machen, wen wir reinlassen und wen nicht, womit wir uns zu Hause umgeben und wie wir es uns schön machen – das handelt alles innerhalb von vier Wänden davon, wie wir leben wollen und wie wir leben können. Im Durchschnitt ziehen wir in unserem Leben viereinhalbmal um. Jedes Mal verändert es unser Leben, oft verändert es auch uns selbst. Darum soll es in diesem Buch gehen.

Oft schenken einem die Leute zum Einzug Brot und Salz. Der Brauch kommt wohl daher, dass Brot und Salz im Christentum als Geschenke des Himmels galten und man mit diesem Geschenk Gottes Segen fürs neue Heim symbolisch ausdrückte. Eine andere, etwas modernere Erklärung ist, dass Brot für Sicherheit und Versorgung steht und Salz für die Würze im Leben. Beides ist wichtig, ohne Brot und Salz geht es nicht. Aber Träume gehören auch dazu.

Bei all meinen Einzügen hatte ich das Gefühl, etwas erreicht und hinter mir und noch ganz viel vor mir zu haben. All die Lampen, die noch angebracht werden müssen. Die alte Wohnung übergeben. Wir brauchen eine Fußmatte. Eine Fußmatte! Niemand hat einem gesagt, dass das Erwachsenenleben daraus besteht, lauter Einzelteile anzuschaffen. Und dann daraus, diese Einzelteile mit sich herumzuschleppen. Und dann daraus, sich zu fragen, ob sie Joy sparken. Es hört nie auf.

Erschöpfung und Aufbruch. Abschied und Ankommen. Ich glaube, ich hab mich vor diesen Gefühlsmischungen irgendwann immer in einen unruhigen Schlaf geflüchtet, vielleicht auch ins Hin- und Herwälzen. Es gibt diesen alten Brauch, an den meine Eltern mich immer wieder erinnert haben, wenn ich irgendwo neu eingezogen bin. Merk dir, was du in der ersten Nacht in der neuen Wohnung träumst. Weil es in Erfüllung gehen wird? Weil es irgendwie bedeutsam ist? Ehrlich gesagt weiß ich den zweiten Teil nicht mehr genau, aber die Bedeutung des ersten Traumes in der neuen Wohnung hat sich mir als groß eingeprägt.

Ich kann mich an keinen einzigen dieser Träume erinnern, und ich glaube, ich konnte es jedes Mal schon am nächsten Morgen nicht mehr. Weil ich nicht bewusst geträumt hatte, vor lauter Erschöpfung, wegen Schlaflosigkeit. Oder weil ich zur Feier des Einzugs eine Flasche Rotwein getrunken hatte. Trotzdem sage auch ich jetzt jedes Mal, wenn Menschen, die mir nahe sind, die erste Nacht in ihrer neuen Wohnung verbringen: Merk dir, was du geträumt hast!

Vielleicht ist die Bedeutung dieses Brauches gar nicht so konkret auf den Traum in der ersten Nacht bezogen, den es zu entschlüsseln gilt, nach dem Motto: Du hast von einer schweren Last auf der Brust geträumt, als würde ein Kobold auf dir hocken? Unbedingt die Bücherregale an der Wand fixieren! Du hast geträumt, du würdest in einer märchenhaften Lagune mit versunkenen Schätzen schwimmen? Lieber eine Klempnerei anrufen, um den Brauchwasserzufluss abzudichten, statt das selbst zu machen. Vielleicht gibt es nichts zu entschlüsseln, sondern es gilt, die Aufforderung ganz und gar wörtlich zu nehmen: Merk dir, was du geträumt hast.

Wohnen hat mit Dübeln und Silikonfugen, mit Klappsofas und Toilettenhockern zu tun. Aber eben auch mit dem Traum davon, wie wir eigentlich leben wollen. Merk dir, was du geträumt hast, als du hier eingezogen bist. Als du dich für einen Neuanfang entschieden, eine Veränderung akzeptiert, endlich einen Ort gefunden hast. Merk dir, wie du leben willst, und lass es nicht ganz und gar verschwinden unter Alltag und Logistik. Und wenn eines Tages der Alltag und die Routine, vielleicht auch die Erschöpfung, zu überdecken drohen, wie man einmal leben wollte, dann ist es vielleicht eine gute Gelegenheit, sich an den alten Volksglauben zu erinnern: Weißt du noch, was du geträumt hast? Als du hier eingezogen bist? Und vielleicht ist dieser alte Traum, dieser alte Plan noch brauchbar, und es ist schön, ihn wieder hochzuholen und zu betrachten. Vielleicht zeigt sich dabei auch, dass er aufgebraucht ist und ersetzt werden muss. Durch eine neue Vision davon, wie man wohnen und leben will. Besser, sich dessen bewusst zu werden, als einfach immer so weiterzumachen.

Davon abgesehen gibt es wirklich kaum etwas Schöneres als sicher an der Wand befestigte Bücherregale. Man kann diese Befestigung immer noch nachholen, der Aufwand ist nicht groß, aber der Effekt ist riesig. Man hat dann so einen Fels in der Brandung, man kann sich anlehnen und festhalten, wenn man kurz Kraft schöpfen muss. Und es ist schön, wenn es zumindest eine Stelle im Leben und in der Wohnung gibt, wo nichts wackelt.

PRIMELN FÜR ALLE:
RICHTIG ANKOMMEN

Meine Mutter war Berlinerin, was sich unter anderem darin äußerte, dass sie fünfundsiebzig werden musste, um endlich nach Hamburg zu ziehen. Und dass sie sich dann in Hamburg niemals richtig wohlfühlte, obwohl hier ihre Kinder lebten (zum Beispiel ich). Das lag, wurde sie nicht müde zu erklären, daran, dass das Wetter so schlecht und die Hausfassaden so dunkel waren. Es tat mir sehr leid, denn damit hatte sie sich ausgerechnet die beiden Dinge ausgesucht, an denen weder meine Schwester noch ich irgendetwas ändern konnten.

In Wahrheit aber lag es womöglich auch an etwas anderem. Nämlich daran, dass meiner Mutter ein sehr unherzlicher Empfang bereitet wurde. Als ich mit ihr auf dem Einwohnermeldeamt war, um ihr beim Ummelden zu helfen, sagte meine Mutter »Guten Morgen«. Dies ist an und für sich nichts Ungewöhnliches, in Berlin gilt es sogar als Gipfel der Liebenswürdigkeit. Die Sachbearbeiterin hielt inne und sagte: »In Hamburg sagt man Moin, daran können Sie sich gleich mal gewöhnen.«

Ich habe später immer wieder darüber nachgedacht, und ich bin mir sicher, dass es nett gemeint war. Womöglich sogar als eine Art Willkommensgruß, eine verklausulierte Art von: Mensch, jetzt sind Sie eine von uns! Moin!

Wie so oft, wenn Menschen in Hamburg charmant oder witzig sein wollen, fand dies jedoch im Ton einer Zurechtweisung statt. Dies gilt hier, wo ich seit 1999 wohne, als trockener Humor. Man kann damit anfangen, was man will, aber in diesem Kapitel geht es darum, wie man willkommen geheißen wird, wenn man irgendwo neu ankommt oder einzieht, und wie man sich selbst am neuen Ort willkommen heißt. Trockener Humor eignet sich dafür nicht.

Meine Mutter zog in eine Seniorenwohnanlage des Deutschen Roten Kreuzes, wo es im Erdgeschoss eine Art Pförtnerin und Beratungsangebote gab und einen Gemeinschaftsraum, in dem man geliefertes Mittagessen einnehmen, Bücher ausleihen oder sich mit anderen zum Spielen treffen konnte. Meine Mutter war eigentlich eine Eigenbrötlerin, aber auf so eine widersprüchliche, zwischendurch doch auch immer wieder kontaktfreudige Art, und sie wollte auch nicht nur in ihrer Anderthalbzimmer-Wohnung versauern. Deshalb ging sie eines Tages in den Aufenthaltsraum, als sich dort gerade eine Gruppe zu einem Brettspiel versammelt hatte. Ich glaube, es ist meiner Mutter nicht ganz leichtgefallen, die Runde zu unterbrechen und etwas zu sagen wie: »Darf man sich hier dazusetzen?« Jedenfalls antwortete einer von den Leuten am Tisch: »Nein, das ist strengstens verboten.«

Mir ist als jemand, der zu diesem Zeitpunkt bereits fast zwanzig Jahre in Hamburg gewohnt hatte, völlig klar, wie das gemeint war. Frotzelnd, freundlich, nach dem Motto: Na, aber selbstverständlich, was für eine Frage! Leider sprach meine Mutter kein Norddeutsch, sie ärgerte sich einfach nur und ging wieder in ihre Wohnung. Ich fürchte, die anderen hielten sie in diesem Moment vielleicht sogar für humorlos und verstockt. Gründlicher kann ein An- und Willkommen nicht fehlschlagen.

Ich erzähle das in dieser Ausführlichkeit, weil ich es mir erstens zur Lebensaufgabe gemacht habe, die Frau vom Bezirksamt Altona und den Mann aus dem Aufenthaltsraum der DRK-Anlage ausfindig zu machen und ihnen, ihren Kindern und ihren Enkelkindern das Leben zur Hölle zu machen. Dies tut hier aber eigentlich nichts zur Sache. Sondern das Zweite: Ich erzähle es, weil ich glaube, man muss sich beim Ankommen und Zurechtfinden auf die einfachste und konventionellste Weise verständigen, unabhängig von regionalen Gepflogenheiten und persönlichen Vorlieben. Möglichst primitiv, ganz leicht verständlich, menschliches Verhalten als einfachstes Piktogramm.

Ich möchte deshalb an dieser Stelle meine Liebe erklären zur kleinen Topfpflanze von der Sonderverkaufsfläche beim Blumenladen, Discounter oder Baumarkt, am liebsten gleich auf der Zwölfer-Papppalette, die einzelne Pflanze unter zwei, drei Euro. Im direkten und im übertragenen Sinne.

Im direkten Sinne, weil niemand etwas dagegen haben kann, wenn es an der Tür klingelt, und draußen sind die Neuen von schräg gegenüber, sagen ihren Namen, Guten Morgen, und überreichen die Primel. Oder das Heidekraut. Meinetwegen je nach Jahreszeit auch einen winterharten Bodendecker im Einzeltopf für den Balkon. Wer keinen Balkon und keinen Übertopf hat, kann sich das eine Weile aufs Fensterbrett stellen oder mit Untertasse auf den Esstisch, es ist wirklich völlig egal, was die Leute damit machen. Es ist weniger kontrovers als eine Tafel Schokolade oder selbst gebackene Kekse (wer weiß, wer gerade auf Zucker verzichtet), von Wein oder so ganz zu schweigen. Die preiswerte, sagen wir ruhig: die billige Topfpflanze ist das freundliche Nicken unter den Geschenken.

Und dieses Geschenk wirkt dann einerseits als Geste der unverbindlichen, fast kostenlosen Ehrenbezeugung: Ja, schaut, wir wollen euch damit zeigen, dass wir umgängliche Menschen sind und dass wir anerkennen, neu in eine Gemeinschaft zu kommen, die bisher auch ohne uns klargekommen ist. Andererseits ist jedes Geschenk eine Verpflichtung, die die Beschenkten dadurch, dass sie es annehmen, anerkennen. Anthropologen haben ganze Bücher darüber geschrieben, wie durch Geschenke Verbindungen entstehen. Eine Primel oder eine Erika ist einfach die netteste und dabei auch leidlich dekorative Art zu sagen: Guckt, wir tun euch symbolisch etwas Gutes, und dafür seid ihr bitte auch nett zu uns. Das ist eine ganz klare und einfache Botschaft, die man aber wortwörtlich nie so aussprechen würde.

Im übertragenen Sinne plädiere ich aber auch für die Primel. Also dafür, dass man sich selbst quasi der neuen Umgebung wie eine Primel schenkt. Weil auch die Ankunft im neuen Haus, im neuen Stadtteil in anderer Hinsicht möglichst klar und einfach sein sollte: Ich möchte mir und anderen eindeutig signalisieren, dass ich hier nicht nur existieren, sondern leben möchte. Das bedeutet, ein Teil einer Umgebung, einer Gemeinschaft zu werden. Das bedeutet, sich zu fragen: Wie will ich hier leben, was bringt es mir, hier zu leben, und daraus folgend: Was bringt es den anderen hier, dass ich hier lebe? Reicht es mir, jemand zu sein, der in diesem Stadtteil, in dieser Straße hin und wieder durchs Bild läuft, der ein bisschen Platz wegnimmt, nicht schmutzt, aber ansonsten eher ein Phantom ist?

Ich bin an vielen Orten gewesen, wo genau das meine Rolle war, ein flüchtig grüßendes Phantom, und ich schäme mich nicht deswegen. Ich war vielleicht nur ein paar Monate da, oder ich war zu sehr mit mir selbst beschäftigt, wegen Liebeskummer, Heimweh, Depression oder weil ich noch keine dreißig war.

Heute würde ich es aber anders machen. Die Primel unter den Arten, wie man im neuen Stadtteil, im neuen Dorf, in der neuen Hausgemeinschaft ankommt, ist, sich ein bisschen oder ein bisschen mehr für die anderen und die Gemeinschaft zu engagieren. Es ist eine riesige, eine prachtvolle Primel, die schönste von allen. Ich meine damit gar nicht, dass man diese aufopferungsvolle Person werden muss, die im Sommer das Hoffest und im Winter das Glühweintrinken organisiert. Oder, noch schlimmer, die Person, die im Müllraum in Versalien geschriebene Pappen aufhängt, auf denen sie die anderen ermahnt, Kartons zu zerkleinern und auf die Mülltrennung zu achten. Ich glaube, die wenigsten Gemeinschaften brauchen noch einen Klischee-Hausmeister oder noch eine selbst ernannte Aufpasserin.

Sondern die Person, die mal jemandem die Tasche trägt, nachfragt, wenn jemand lange nicht vor die Tür gegangen ist, die ein umgefallenes Fahrrad aufhebt und dann, bei Zeit und Nerven, bei den ganz offensichtlichen Nachbarschaftsvereinen zumindest mal reinschaut und den Vibe checkt. Die Person, die beim Verschenk-Schrank die Klamotten wieder aufhängt, wenn der Wind sie rausgeweht hat. Die Menschen, die sie immer wieder sieht, zumindest anlächelt. Die fragt, ob sie fremde Hunde streicheln und Eltern mit Kindern in der Eisschlange vorlassen darf. Es klingt in der Ballung jetzt ein bisschen schlimm, aber wir wissen genau, dass jedes dieser kleinen Ereignisse den Tag von anderen und das Leben im Viertel ein kleines bisschen besser macht. Früher hieß es, jeden Tag eine gute Tat, aber stattdessen frage ich mich lieber: Hast du heute schon geprimelt?

2017, als Donald Trump zum US-Präsidenten vereidigt wurde und in diesem Amt sofort anfing, Lügen zu verbreiten, Teile der Bevölkerung zu bedrohen, Menschen des Landes zu verweisen, Verfassungsorgane lahmzulegen und alle, die ihn kritisierten, als Staatsfeinde zu bezeichnen, veröffentlichte der Historiker Timothy Snyder ein kurzes Buch mit dem Titel *Über Tyrannei: Zwanzig Lektionen für den Widerstand*. Darin beschreibt er, wie real durch Donald Trump die Bedrohung einer neuen Diktatur geworden ist und was man von Anfang an dagegen tun kann. Er gibt Empfehlungen, wie man die Entstehung eines Unrechtsregimes verhindern kann – mit der Erfahrung des Historikers, der auf die Nazi- und auf die Sowjet-Diktatur spezialisiert ist. Etwa, indem man rechtsstaatliche Institutionen verteidigt, keinen vorauseilenden Gehorsam leistet und eine unabhängige Presse unterstützt. Ein Kapitel aber ist einfach überschrieben mit: »Nimm Blickkontakt auf und unterhalte dich mit anderen.« Snyder schreibt, man wisse nicht, wer Grund habe, sich bedroht zu fühlen, aber indem man alle anerkenne, allen Aufmerksamkeit schenke, könne man zumindest dafür sorgen, dass diese Menschen sich etwas besser fühlen. Im Grunde ist es ein Kapitel darüber, wie man sich in seiner Nachbarschaft bewegt und gleichzeitig etwas Gutes für die Welt tut, in der man lebt: die Primel als kleinste Form des Widerstandes gegen Ausgrenzung.

Übrigens war ich gerade bei Edeka bei uns im Einkaufszentrum, das ist wirklich eine absolute Notlösung auf dem Nachhauseweg, denn der Laden ist teuer wie eine Apotheke. Dort standen jetzt, an einem Nachmittag Anfang Februar, am Eingang die großen, leicht angekippten Kisten mit Primeln und Narzissen, und selbst in diesem Laden kosteten sie pro Stück 99 Cent. Sie sahen so fröhlich, einfach und preiswert aus, dass ich für einen Moment Lust bekam, irgendwo neu einzuziehen und sie zu verteilen.

WOHIN MIT DEN BÜCHERN:
DIE UNORDNUNG DER DINGE

Sie besitzen dieses Buch. Oder Sie haben es geliehen. Jedenfalls halten Sie es gerade in der Hand. Und damit stehen Sie vor genau dem Problem, das jeder Mensch hat, der ein Buch besitzt oder zwei oder fünfhundert oder der überhaupt irgendeinen Gegenstand hat: Wohin damit? Wohin damit ab dem Moment, wo man das Buch oder den Gegenstand nicht mehr unmittelbar benutzt?

Es ist das Seltsamste am Wohnen, dass es eigentlich streng genommen nur darin besteht, dass man sich inmitten von Gegenständen aufhält, die man gerade nicht benutzt und die man mit der Ausnahme von Küchenutensilien, Kosmetikartikeln, Kleidungsstücken und Türklinken selten mehr als ein, zwei Mal im Monat oder im Jahr oder im Leben in die Hand nimmt. In erster Linie ist Wohnen der längere Aufenthalt innerhalb mehr oder weniger unausgegorener Aufbewahrungssysteme.

Man steht, sitzt oder liegt vor Kleiderschränken, Bücherregalen, Küchenvitrinen, man ist ein Lebewesen inmitten von Ablage- und Abstellflächen für überwiegend Anorganisches.

Bleiben wir beim Buch. Falls es Ihr einziges ist, stehen Sie gleich, wenn Sie damit fertig sind, vor dem größten Problem, das man als wegräumende Person hat: Wohin mit einem einzelnen Gegenstand, der in keine bereits etablierte Kategorie passt, für den es also nicht bereits einen logischen und so bezeichneten Ort namens Bücherregal, Gewürzschrank, Quittungskarton oder Altglaskorb gibt? Falls Sie mehrere Bücher haben, sind die Gefahr und die Wahrscheinlichkeit groß, dass Sie Hunderte davon haben, Bücher vermehren sich im Leben wie Fruchtfliegen in der Obstschale. Das heißt, so oder so illustriert dieses Buch die zwei größten Probleme der Wohnorganisation: Wohin mit den Büchern, und wohin mit dem ganzen anderen Scheiß?

Es gibt Menschen, die ein bewundernswertes Talent zum Wohnen haben. Es ist eine richtige Begabung, wie pfeifen können oder immer die richtigen Worte finden. Diese Begabung äußert sich beim Wohnen für mich vor allem darin, dass diese Menschen erstens ein Prinzip gefunden haben, wie sie ihre Bücher ordnen, und zwar eines, mit dem sie glücklich sind, das zu ihnen passt, für das sie sich also nicht verstellen und verbiegen müssen. Und zweitens, dass sie sich entweder Krimskrams vom Leibe halten können oder dass sie Orte für den Krimskrams gefunden haben, die die Wohnung nicht beeinträchtigen, sondern bereichern. Sodass der Krimskrams nicht Unordnung verursacht, sondern sinnfälliger Teil ihrer Welt wird.

Krimskrams ist alles, was nicht mehr Grundfläche als ein Taschenbuch hat und nicht höher als eine Kerze ist. Wenn es größer und höher ist, ist es ein Kleinmöbel, und komischerweise ist es einfach, sich zu entscheiden, ob man ein Kleinmöbel hinstellen oder wegstellen will (in den Müllraum). Krimskrams hingegen neigt dazu, sich an den unmöglichen Orten auszubreiten, wo er zwischengelagert wurde. Jedenfalls ist es bei mir so. Wenn Krimskrams aus Papier ist, heißt er Unterlagen, weil ich schnell was anderes drauflege und dann die Unterlage nicht mehr finde.

Wohntalentierte Menschen erkenne ich daran, dass sie auf zwei unterschiedliche Weisen mit Krimskrams umgehen. Entweder entschieden und deutlich oder entschieden und subtil.

Die Frau meines Vaters habe ich schon als Kind dafür bewundert, dass sie kleinen Krimskrams in Setzkästen an der Wand hatte und großen Krimskrams in einer Glasvitrine, und thematisch gebündelter Krimskrams stand auf der Anrichte (eine Zeit lang wussten alle, dass sie Enten liebt und nichts dagegen hatte, wenn man ihr Enten schenkte. Als die Anrichte voll war, teilte sie klar und deutlich mit, dass ihre Entenbegeisterung ein Plateau erreicht habe und sie keine weiteren Enten mehr wünsche, egal, ob aus Holz, Ton, Glas, Plastik oder anderen Materialien, nicht mal aus Gold).

Das ist so selbstbewusst und klar: Ja, es gibt Krimskrams, und ich habe nichts gegen ihn, vielleicht mag ich ihn sogar sehr, darum stelle ich ihn aus. Außerdem hat es den Vorteil, dass man beim Eintreffen von neuem Krimskrams ganz einfache Parameter für die Entscheidung hat, ob man ihn wegwerfen oder behalten möchte: Passt er in den Setzkasten, und wenn ja, welches andere Krimskramsteil ersetzt er dort? Passt er in die Glasvitrine, so vom Vibe her, und wenn ja, siehe oben?

Meine Freundin Maike hat ein großes Arbeitszimmer, das ins Wohnzimmer übergeht und das auf den ersten Blick auch voller Krimskrams ist, aber nicht unordentlich. Weil sie dieses Talent hat, entschieden, aber subtil damit umzugehen. Der Krimskrams ist zwar nicht offensichtlich in Setzkästen oder Vitrinen eingedämmt und dargestellt, sondern wohnt im Regal, auf den beiden Schreibtischen, auf kleinen Schränkchen, zwischen anderen Dingen.

Der Krimskrams hat aber insgesamt ein Thema, einen Zusammenhang: Es sind alles im weitesten Sinne Dinge, die mit Schreiben und mit Wörtern zu tun haben, oder mit Kreativität. Es ist zwar das Gegenteil von reduziertem, klarem Wohnen, aber es hat eine innere Logik, die dazu führt, dass der Aufenthalt in diesem Raum abwechslungsreich, interessant und gleichzeitig behaglich und eben auch auf ein Thema fokussiert ist.

Bei mir ist es anders, und das macht aus mehreren Gründen nichts. Erstens bedeutet wohnen, sich daran zu gewöhnen und sich buchstäblich darin einzurichten, dass man es niemals so schön und so geschmackvoll oder so großzügig, so inspiriert, so aufgeräumt haben wird wie diese oder jene andere Person in dieser oder jener anderen Wohnung. Wohnen ist, Frieden zu machen damit, wie man leben kann, ohne sich völlig herunterzuwirtschaften, emotional und finanziell. Zweitens macht es nichts, weil ich, bevor Besuch kommt, dem ich mich geordneter präsentieren will, als ich bin, einfach nur das String-Regal aufräumen muss. Das dauert höchstens einen halben Tag.

Das String-Regal stammt aus dem Fundus meiner Schwiegereltern, Teile davon hatte meine Frau bereits in ihrem Kinderzimmer, auf einer Schreibklappe klebt noch ein glitzerndes Achtzigerjahre-Herz. Zu einer Zeit, als diese nun wieder populären Regale den Tiefpunkt ihrer Attraktivität erreicht hatten und als außerordentlich spießig galten, holte meine Frau es bei ihren Eltern in einer nostalgischen Anwandlung aus dem Keller. Es dauerte sehr lange, bis ich das Regal bei uns zu Hause im Wohnzimmer an die Wand gedübelt hatte, und bis es so weit war, waren String-Regale wieder modern, also schön.

Mit einem schönen Regal kann man auf zweierlei Weise verfahren: Man stellt Bücher hinein, nach einem praktischen oder hübschen Ordnungsprinzip. Die

Freundin Maike mit der subtilen Krimskramsmethode hat ihre Bücher im Regal nach Umschlagfarben geordnet. Diese Praxis ist bei Leuten, die meinen, sich ernsthaft mit Büchern zu beschäftigen, etwas verpönt, mir gefällt es aber sehr gut, ich würde es auch machen, wenn ich die Geduld dazu hätte.

Oder, was man auch mit einem schönen Regal machen kann: Man stellt möglichst wenig hinein, damit das Regal selbst zur Geltung kommt.

Das Zweite schwebte meiner Frau vor, weshalb sie vorschlug, dass wir doch den größten Teil unserer Bücher in den Vorraum unseres Kellers stellen könnten. Wo man zwar im Zweifelsfall noch rankäme, aber sie würden im Wohnzimmer nicht so viel Platz wegnehmen. Mir gefiel das sehr gut, denn erstens erinnern mich Bücher an die Arbeit, und zweitens haben wir wirklich wenig Stellfläche, seit wir mit bodentiefen Fenstern leben. Das schöne String-Regal wurde also so etwas wie der zentrale Gegenstand des neu eingerichteten Wohnzimmers. Mit ein paar ausgesuchten Vasen, einer Ecke fürs Telefon und den gottverdammten Router (den hässlichsten und unfrohesten Gegenstand der Gegenwart), für zwei, drei Fotos, und einem Regalbrett mit Büchern, die wir gerade lesen, gerade geschenkt bekommen oder gerade gekauft haben.

Zu diesem Zeitpunkt waren unsere Kinder allerdings noch recht klein, im Kindergarten- und Grundschulalter. Kinder in diesem Alter verursachen sehr viel

Krimskrams. Sie finden ihn auf der Straße, sie tragen ihn bei sich, sie stellen ihn in der Schule oder in ihrer Freizeit her. Um diesen Krimskrams zu würdigen und nicht sofort wegzuwerfen, stellte ich ihn erst mal ins eigentlich bisher schön leere Regal.

Zugleich kamen ständig neue Bücher ins Haus. Es ist eigentlich nie Schluss mit den Büchern. Wenn man einmal damit angefangen hat, wird man nie oder erst kurz vorm Tod den Punkt finden, an dem man sagt: So, jetzt ist aber auch gut mit den Büchern, Schluss, aus, ab jetzt wird nur noch aus dem Bestand gelesen. Jedes neue Buch ist ein Versprechen, das man sich selbst macht, und eine Hoffnung über sich selbst, die man damit ausdrückt: Es wird der Moment kommen, da werde ich die Zeit und die Muße haben, dies zu lesen. Es wird der Moment kommen, da werde ich der Mensch sein, der dies versteht oder zu würdigen weiß. Bis dahin tue ich das Buch, na, hier in dieses Regal. Zu den anderen. Als Zwischenlösung.

Ein ursprünglich eher puristisch gehaltenes Regal, in dem sich nun Kinderkrimskrams und willkürlich zueinander gestellte Bücher ansammeln, öffnet sich damit der Welt, also dem Chaos. Es wird zur Ablagefläche. Ah, dieses Behördenschreiben muss ich mit meiner Frau besprechen, sie kommt erst später, nun, dann lege ich es so lange … ach, hier in das Regal. Diese Briefmarkenrolle: Es ist gut, wenn man sie immer griffbereit hat, genau wie den Tesafilm, das sind so Sachen, die man immer sucht, das ist doch ärgerlich, es ist viel besser, wenn man sie im sichtbaren Bereich der Wohnung hat. Also im Wohnzimmerregal. Und schau, der Schokoladenosterhase, der Schokoladenweihnachtsmann, und davon jeweils vier, für jede Person in der Familie einer, wie nett und jahreszeitlich und verheißungsvoll das ist, wenn man die – na, hier ins Regal stellt.

Unromantisch könnte man auch sagen: Alles, was keinen festen Platz hat, kommt ins Wohnzimmerregal. Es sieht, wenn ich manchmal aus meiner Alltagsroutine aufwache und die Welt für ein, zwei Momente mit einem ganz frischen, unvoreingenommenen Blick betrachte, eigentlich schlimm aus. Aber auch lebensvoll. Welthaltig. Und vor allem: unvermeidbar.

Denn ich glaube, man kann sich viele Wohnsorgen und viele Schuldgefühle ersparen, wenn man sich eins klarmacht: Es gibt Menschen, bei denen hat alles einen festen Platz. Und Menschen, bei denen ist das nicht so. Man mag nicht an Sternzeichen, an Tierkreiszeichen, an Persönlichkeitstypen oder an mittelalterliche Temperamente glauben, und mit gutem Grund. Aber die Unterscheidung zwischen Menschen, bei denen alles seinen festen Platz hat, und denen, bei denen es nicht so ist, ist real und unüberwindbar.

Ich schaue auf die Welt der Menschen, bei denen alles einen festen Platz hat, aus weiter Entfernung, sehnsüchtig, aber auch im Wissen, dass ich diese Welt zwar manchmal betreten, aber niemals bewohnen werde.

Es mag sein, dass es unglaublich umständlich ist, Dinge immer erst mal hauptsächlich zwischenzulagern, sich dann einen Ort für sie zu überlegen, diesen Ort dann, weil er kein fester ist, wieder zu vergessen, und die Dinge dann, wenn man sie braucht, zu suchen (sag mal, waren sie nicht hier im Regal? Hast du sie da nicht auch zuletzt gesehen?). Aber es ist eben auch nicht zu ändern. Um das zu tun, müsste ich alles aus meiner Wohnung herausräumen, mir mit meiner Frau und den fast erwachsenen Kindern ein Ordnungsprinzip überlegen, alles nach diesem Prinzip wieder einräumen und von nun an danach leben. Das ist komplett unrealistisch und, vor allem, viel unrealistischer, als irgendwann vielleicht doch zu akzeptieren, wie ich bin.

Also ist ein großer Teil der Bücher im Keller, in alten Ivar-Regalen, die ich teilweise aufgesägt habe, um Platz für die Kellerrohre zu machen. Ein Teil der Bücher ist in Umzugskartons, weil ich, wenn ich aus Büros ausgezogen bin, immer nicht wusste, wohin mit den Büchern, die sich in den Büros vermehrt hatten. Ein Teil ist in einem Transitzustand im String-Regal. Ein Teil ist in Regalen, die ich im Schlafzimmer aufgehängt habe, oder dort in Stapeln, auf dem Boden. Das Ordnungsprinzip ist, dass ich die Bücher meiner Lieblingsautorinnen Muriel Spark, Anita Brookner, Banana Yoshimoto und Hiromi Kawakami möglichst vollständig gesammelt und jeweils in einer Reihe hingestellt habe, aber komischerweise in völlig verschiedenen Räumen. Es gibt einen Ikea-Blumenwagen mit den Büchern, die ich für das Buch brauche, an dem ich gerade arbeite, und einen Ikea-Blumenwagen für das Buch, an dem ich gerade gearbeitet habe, und eigentlich ist das gerade erwähnte Buch schon gedruckt, nur den Ikea-Blumenwagen habe ich noch nicht ausgeräumt. Für alle anderen Bücher gilt als Ordnungsprinzip: Wo habe ich das Buch, das ich suche, zuletzt gesehen? Dabei hilft, dass die Bücher im Keller etwa aus der Zeit von 1985 bis 1999 sind, die Bücher in den Kisten etwa von 1999 bis 2011, die Bücher im Schlafzimmer etwa aus der Zeit danach und die im String-Regal aus dem laufenden Jahr.

Die Frau meines Vaters, die ihren Krimskrams entschieden und demonstrativ in Setzkästen und einer Glasvitrine aufbewahrt, hat, als ihr die Bücher über den Kopf wuchsen und nicht mehr in ihr alphabetisches Ordnungsprinzip passten, eine weitere sehr entschiedene und fast demonstrative Lösung gefunden. Weil sie etwa zur gleichen Zeit, als die Bücher zu viel wurden, mit dem Klavierspielen aufhörte, hat sie alle Bücher, die seitdem dazugekommen sind, auf dem alten Klavier gestapelt. Am Anfang war es, glaube ich, eine Notlösung, aber inzwischen sieht es richtig prachtvoll aus, fast wie eine Installation, aber auf alle Fälle so, als sollte es so, als gehörte es so. An diesen Punkt werde ich mit meinem Chaos-Regal nie kommen, aber es ist für mich ein erstrebenswertes Ziel: eine Notlösung, die aussieht, als sollte sie so.

DAS IST DOCH UNSER SOFA:
ABSCHIED VON DER INDIVIDUALITÄT

Vor siebzehn Jahren, unmittelbar vor dem großen Immobilienboom, zogen meine Frau und ich in ein Neubauviertel in Hamburg. Es war Teil der sogenannten »innerstädtischen Wohnraumverdichtung«. Also einer Bebauung, die bestehende Flächen innerhalb der Stadt nutzt, Hinterhöfe, Parkplätze oder, wie in unserem Fall, alte Fabrik-Areale, statt die Stadt weiter ins Umland auszudehnen. Da, wo wir und dreiundfünfzig andere Parteien jetzt einzogen, hatte bis vor Kurzem mitten in Hamburg-Ottensen eine Fabrik gestanden, die auf Hämorriden-Salbe spezialisiert gewesen war. Weil wir nur zwei Parallelstraßen weiter gewohnt hatten, waren meiner Frau beim Spazierengehen die Stilllegung und der Abriss der Fabrik aufgefallen, sodass sie als eine der Ersten herausfand, dort würden Wohnungen gebaut, und auch von wem. Die Information verbreitete sich dann im Viertel, noch bevor die Wohnungen fertig waren, sodass sie zum größten Teil an Familien aus der Nachbarschaft gingen, die auf der Suche nach einem Zimmer mehr fürs zweite Kind waren. Ich hätte also damit rechnen können, was passieren würde, aber es traf mich dennoch unvorbereitet.

Kurz vor Weihnachten 2017 zogen wir ein, der Bauträger hatte die Hinterhofsiedlung mit Mühe und Not zum Jahresende fertiggekriegt, aber noch nicht die Außenanlagen. Man stapfte durch Schlamm und über eine Baustelle. Nachdem die Fußmatten-Affäre beigelegt oder zumindest hinter uns war (siehe Kapitel *Die geklaute Fußmatte*), gingen wir abends über den Hof, um durch die bodentiefen Fenster ein bisschen in die vorweihnachtlichen Wohnungen der anderen zu schauen. Einfach, um so ein Gefühl für die neue Gemeinschaft und unsere unmittelbare Umgebung zu bekommen.

Ich glaube, mir ist immer klar gewesen, dass meine Individualität nur eine Illusion ist und dass ich sehr viel stärker geprägt bin durch meine gesellschaftliche Schicht, meinen Familienstand, meinen Beruf, mein Alter, meine Schullaufbahn, als ich mir im Alltag bewusst mache. Aber wenn man in eine neue Wohnung zieht, hat man doch das Gefühl, dass man auf der leeren Leinwand, dem unbeschriebenen Blatt des Grundrisses etwas ganz Neues, Persönliches erschaffen könnte. Einen Raum und einen Ort, der ausdrückt und widerspiegelt, wer man ist oder wer man sein könnte.

Wir waren zum Beispiel immer ein bisschen stolz

auf das Sofa, das wir gekauft hatten, als unser Sohn ein Säugling war. Ein Ausstellungsstück, weil wir es sonst nicht hätten bezahlen können. Von einer holländischen Firma, entworfen in den Sechzigerjahren für den Flughafen Schiphol. Bequem, robust, aber auch ein bisschen streng, mit geraden Linien, ohne Firlefanz. Es wirkte, als es in unserer Wohnung stand, sehr zuversichtlich und modern auf uns, weltläufig, zeitlos, selbstbewusst, aber bescheiden. In sich ruhend. Vielleicht so, wie wir selber gerne wären oder in diesem Moment vor fast zwanzig Jahren gern gewesen wären.

Jetzt liefen wir hier in der neuen Siedlung über den Hof. Nach ein paar Wochen fingen alle an, sehr diskret zu werden, weil man doch sehr nah aufeinanderhockt, das Wort »dicht« in Nachverdichtung kommt nicht von ungefähr. Vorhänge tauchten auf, die grauenvollen, bei bodentiefen Fenstern aber praktischen Plissees, Rollos. Aber in diesen ersten Tagen war alles offen, und aus den Gesprächen mit den benachbarten Paaren konnte man raushören, dass sich gegenseitig reinzugucken völlig in Ordnung und vielleicht sogar gern gesehen war.

Plötzlich hielt meine Frau inne. »Das ist doch unser Sofa.« Es stand, durchs Fenster zum Hof von uns aus gut sichtbar, im Wohnzimmer der Kleinfamilie von schräg gegenüber. Ein etwas anderer Farbton, dunkelgrau und nicht wie bei uns dunkelbeige. Ehrlich gesagt sogar eher die Farbe, die wir gewählt hätten, wenn wir uns nicht auf das Ausstellungsmöbel beschränkt hätten.

Im Grunde war es also so, dass das sehr individuelle Sofa, das dort bei unseren Gegenübern stand und ihnen offenbar auch gehörte, sogar noch mehr unser Sofa war als unser eigenes, weil es uns noch etwas besser gefiel und unsere zurückhaltende, aber geschmackvolle Paar-Persönlichkeit noch besser zum Ausdruck brachte.

»Das ist ja ein Zufall«, sagte ich, denn manchmal, daran hat sich sicherlich seitdem nichts geändert, stehe ich wirklich ganz schön auf dem Schlauch.

In Wahrheit ist es natürlich alles andere als ein Zufall, wenn Menschen mit ähnlichen finanziellen Mitteln, ähnlichen kulturellen Interessen und ähnlichen Berufen in den gleichen Geschäften die gleichen Dinge schön finden und sich mit diesen Dingen dann einrichten. Es ist, wenn man so will, das definitorische Gegenteil von Zufall, es ist geradezu zwangsläufig.

Dies wurde uns in den nächsten Tagen umso bewusster, in je mehr frisch eingerichtete Nachbarwohnungen wir kamen oder schauten. Oh, die String-Regale vom Dachboden der Eltern oder Großeltern, die jetzt wieder modern sind. Ach, ihr habt von Ikea auch genau diesen Tisch oder jenen Teppich, von denen wir dachten, sie wären nicht ganz so beliebt und verbreitet wie die anderen. Ach, die bunten Dibbern-Tassen, wie schön.

Abends, wenn wir im Bett lagen und uns fragten, warum es so viele Vornamens-Gleichheiten auf dem neuen Hof gab, sagte meine Frau, das mit den Einrichtungen der anderen sei doch »ganz schön ernüchternd«. Ich musste ihr zustimmen. Wir waren endgültig aufgewacht aus dem Traum, uns anders einzurichten und anders zu sein, andere Bedürfnisse, andere Vorstellungen vom Leben zu haben als andere Menschen in unserem Alter. Es ist aber manchmal gar nicht so schlecht, aufzuwachen und wieder nüchtern zu sein. Ich glaube, man wird erwachsen, indem man feststellt, dass einen mit anderen Menschen viel mehr verbindet und dass man, bis runter zum Sofa, viel mehr gemeinsam hat, dass man einander viel ähnlicher ist, als man gedacht hat, während man jugendlich seine eigene Persönlichkeit suchte. Es ist, als würde man aus einer Selbstüberschätzung herauswachsen: der, anders und damit vielleicht besser zu sein.

Wenn ich am Grab meiner Mutter stehe, muss ich manchmal an diesen Reifeprozess denken. Meine Mutter hat immer in diesem Zwiespalt gelebt, sehr individualistisch zu sein und gleichzeitig niemandem zur Last fallen zu wollen. Das sind zwei Dinge, die einander nicht unbedingt widersprechen, aber sie überlagern sich oft im Leben und sogar im Tod auf merkwürdige Weise. Zum Beispiel, indem meine Mutter sich wünschte, wir würden sie »einfach unter einem Baum« begraben. Zum einen, weil sie gern in der Natur war und »nicht mit allen anderen in Reih und Glied liegen« wollte. Zum anderen, weil sie nicht wollte, dass wir viel Arbeit mit ihrem Grab haben und uns verpflichtet fühlen würden, es zu besuchen.

Als sie starb, stellte sich heraus, dass es gar nicht so einfach zu bewerkstelligen ist, jemanden »einfach unter einem Baum« zu begraben. Die nächsten Friedwälder sind sehr weit von uns entfernt und in Gegenden, zu denen meine Schwester und ich keinerlei Bezug haben. Zum Glück fanden wir in Hamburg-Altona einen Friedhof, der seinen ältesten Teil sozusagen verwildern lässt und der dort unmarkierte, unbepflanzte Urnengräber unter Bäumen erlaubt. Wir fanden eine schöne, fast märkische Kiefer und hielten uns fortan an die Vorgabe der Friedhofsverwaltung, auf dem Grab nichts zu pflanzen und nichts abzustellen, keinen Grabstein und keine Vase.

Wenn ich jetzt hin und wieder zu diesem Grab gehe, laufe ich an Reihen von liebevoll angelegten Urnengräbern vorbei. Dann komme ich in den sehr schönen Teil des Friedhofs, wo die Bäume hoch stehen und ein paar Gräber unmarkiert und von Laub und Kiefernnadeln bedeckt sind, wie das meiner Mutter. Davor stehe ich dann, und ich fühle mich ein bisschen unwohl, ein bisschen ungetröstet. Nach einer Weile ist mir klar geworden, woran das liegt: Eigentlich wäre es mir lieb, wenn meine Mutter so wie alle anderen hier läge, mit Begrenzung, Blümchen, Grablicht und ihrem Namen auf einem Stein. Eigentlich wäre es mir ein Trost, wenn sie, im übertragenen Sinne, das gleiche Sofa hätte wie alle.

Weil mich der Gedanke, dass sie als Tote und ich als Trauernder so ähnlich sind wie andere in unserer Lage, mehr trösten und erfreuen würde als der, dass uns hier etwas Besonderes gelungen ist, indem wir dieses Grab gefunden haben.

LORIOTS FERNSEHER:
WOHNT MAN, WIE MAN IST,
ODER UMGEKEHRT?

In einem der berühmtesten Zeichentrickfilme des Wohnfachmanns Loriot sitzt ein Ehepaar auf dem Wohnzimmersofa und unterhält sich darüber, dass der Fernseher kaputt ist. Der Fernseher steht dem Sofa direkt gegenüber, auf einem Spitzendeckchen. Beide Eheleute beschuldigen einander, auf den Fernseher zu schauen, obwohl er kaputt sei. Die Frau sagt, man könnte doch stattdessen auch einmal zur Seite schauen oder nach hinten, was der Mann kurz ausprobiert, um dann wütend auszurufen: »Ich lass mir doch von einem Fernsehgerät nicht vorschreiben, wo ich hinsehen soll!«

Dieser Sketch von 1977 handelt nicht nur davon, wie fixiert die Menschen damals aufs Fernsehen waren, sondern auch davon, wie Wohnen wörtlich mit Gewohnheiten zusammenhängt, also: wie Gewohnheiten, Routinen und Traditionen unser Wohnen prägen, obwohl sie uns persönlich vielleicht gar nicht entsprechen. Und wie dann umgekehrt die Art, wie wir wohnen, unsere Gewohnheiten prägt, wie also bestimmte Wohnweisen zu Angewohnheiten werden.

Zum Beispiel der Fernseher im Wohnzimmer, gegenüber vom Sofa. Meine Eltern sprachen scherzhaft vom »Hausaltar«, was der Fernseher in meiner Kindheitswohnung eben gerade nicht sein sollte. Deshalb stellten sie ihn etwas unauffällig neben das Sofa, sodass man sich extra entscheiden musste fernzusehen, indem man sich vom Esstisch einen Stuhl nahm oder indem man sich auf den Teppich setzte. Nach einer Weile aber tauchten im Wohnzimmer zwei Ikea-Sessel auf und wanderten langsam, aber sicher so vor den Fernseher, als hätten sie schon immer dort und extra für den Fernseher dagestanden. Die Tradition und das stille Bedürfnis, im Grunde das Wohnzimmer doch um den Fernseher herum zu gestalten, war stärker als der Entschluss, sich dieser Entwicklung zu entziehen. Meine Eltern ließen sich eben doch von einem Fernsehgerät vorschreiben, wo sie hinsehen sollten, oder zumindest, wo die Sessel zu stehen hatten.

Es war zum Beispiel immer mein Wunsch, ein Sofa in der Küche zu haben. Das habe ich einmal in einer Ferienwohnung in Südfrankreich gesehen, und es war den ganzen Urlaub lang mein Lieblingsort. Während ich wartete, dass die Pfanne heiß wurde, konnte ich mich aufs Sofa legen und lesen. Wenn ich nicht mit Abwaschen dran war, konnte ich auf dem Sofa sitzen und mich mit der Person unterhalten, die an der Reihe war. Es war auch der beste Ort für den Mittagsschlaf, weil es dort nach Tarte au citron roch.

Ich habe eine ganz kleine Küche, aber es gibt ja auch ganz kleine Sofas. Die Küche ist sogar erst geplant und eingebaut worden, bevor wir eingezogen sind. Ich hätte also problemlos sagen können: Moment, erst das Sofa. Die beiden Handwerker, die die Küche einbauten, hätten sich gewundert, vielleicht hätten sie Einwände vorgebracht, aber womöglich hätte es eine gute Lösung gegeben. Ich habe es gar nicht versucht, ich bin gar nicht auf die Idee gekommen, weil die Tradition, wie eine Küche aussieht, stärker ist als mein Wunsch, wie ich leben will. Ich passe mich der deutschen Küche an, nicht meine Küche sich mir. Meine derzeitige Küche drückt also nicht aus, wie ich leben will. Aber womöglich, wie ich bin: etwas angepasster und etwas weniger abenteuerlustig, als mir lieb wäre.

Womit wir wieder beim Fernseher sind. In den letzten Jahren konnte ich von Weitem mitansehen, wie abenteuerlustig manche meiner Bekannten sind. Also jene, die beschlossen haben: Wir brauchen keinen Fernseher mehr, bei uns ist der Fernseher nicht der Mittelpunkt des Wohnzimmers. Manche, die viel Platz haben, sind den amerikanischen Weg gegangen, indem sie sich so eine Art Spielzimmer für Erwachsene eingerichtet haben, wo die ganze Unterhaltungselektronik drin ist. Andere haben gesagt: Wir gucken eh nur noch auf dem Laptop. Wieder andere haben sich einen Ofen mit Feuer hinterm Fenster gegenüber vom Sofa einbauen lassen, die Fernsehunterhaltung des neunzehnten Jahrhunderts und aller Jahrhunderte davor.

Als unser Fernseher kaputtging, war das für uns ein Moment der Wahrheit: Wollten wir nicht im Grunde auch ganz anders leben? So wie das Paar vor fast fünfzig Jahren bei Loriot, könnten wir ja auch »stattdessen Karten spielen oder ins Kino gehen, oder ins Theater«.

Ich kenne mich aber, und wir kennen uns. Ich gucke gern gute Filme und schlechte Serien auf dem Fernsehgerät und nicht auf dem gleichen Bildschirm, auf dem ich den ganzen Tag gearbeitet habe, und ich sitze dabei gern auf dem ollen Flughafen-Sofa und nicht vornübergebeugt am Tisch. Manchmal ist das gewohnte Wohnen deckungsgleich Ausdruck dessen, wie man ist.

Dennoch bleibt ein Rest Neid darauf, dass andere sich beim Wohnen mehr trauen. Ich frage eine gute Freundin, ob sie denn trotzdem abends gern auf dem Sofa sitzen und was es mit ihnen, ihrer Freizeit und ihrer Kommunikation gemacht habe, dass sie den Fernseher abgeschafft und gegenüber vom Sofa nur noch ein Bücherregal und ein kleines Tischchen mit einer Tulpenvase haben.

Sie sagt, es sei sehr gemütlich und man hätte ja doch immer viel Quatsch geschaut, einfach, weil das Gerät dort gestanden hätte. Wie bei Loriot, denke ich, muss aber noch mal nachhaken: Wie sieht denn der durchschnittliche Abend aus, wenn man ohne Fernseher wohnt?

»Ach«, sagt sie, »wir sitzen auf dem Sofa, jeder schaut ein bisschen auf sein Handy, und ab und zu sagt man einen Satz.«

DIE BALLADE VOM MAULSCHLÜSSEL:
LEBEN MIT PROVISORIEN

Wenn man den Heimwerker-Status eines Menschen, seine Reparaturfreude und seine Expertise an der Menge seines Werkzeuges bemäße, dann müsste man bei mir denken: Oh, dieser Mann ist vermutlich Ehrenmitglied der Handwerkskammer. Ich habe Unmengen von Werkzeug. Dies liegt aber nicht daran, dass ich mich gut mit Werkzeug auskenne, dass ich es mag oder dass ich gut damit umgehen kann. Im Gegenteil. Ich kann fast nichts mit Werkzeug anfangen. Aber es ist für mich Ausdruck der Hoffnung, die durchs Wohnen verursachten Probleme zumindest vorübergehend lösen zu können, provisorisch. Ich versuche es immer wieder, ich lasse mich durch nichts entmutigen. Vor allem nicht durch mich selbst.

Mein Hauptproblem mit Werkzeug ist erst mal, dass ich nie das passende zur Hand habe. Denn ich habe zwar viel davon, aber nie ein angemessenes Ordnungssystem entwickelt. Das passiert, wenn man Dinge selten benutzt, und wenn man sie braucht, dann ganz plötzlich dringend. Ich neige in Situationen, in denen ich etwas dringend brauche, zum Durchwühlen. Sobald ich das Gesuchte gefunden habe, setzt eine so große Erleichterung ein, dass es mir nachrangig erscheint, das durchs Wühlen entstandene Chaos wieder aufzuräumen. Ich schließe dann einfach die entsprechende Kiste, die Schublade oder Keksdose, damit man die Unordnung von außen nicht so sieht. Beim nächsten Mal ist dann das gesuchte Werkzeug noch schwieriger zu finden, weil hinter der Fassade der Schublade oder der Werkzeugkiste so eine große Unordnung entstanden ist. Also gerate ich noch mehr unter Druck, wodurch die Erleichterung über das Gefundene noch größer ist, also auch die durch Endorphinausschüttung verursachte Unwilligkeit, nun gleich wieder Ordnung zu schaffen. Es wird also, kurz gesagt, immer schlimmer.

In dieser Situation nun fange ich an, mich nach einem Neuanfang zu sehnen. Je länger man an einem Ort wohnt, desto vertrauter und eingefahrener wird alles. Die Dinge verschleißen, in schwer erreichbaren Ecken verfestigt sich der Staub, Unordnung wird zum Prinzip oder zumindest zu einem statischen Zustand. Umziehen oder eine Zeit lang ins Hotel gehen wäre keine Lösung, weil man beim Umziehen ja alles einpacken und die Staubecken sauber machen müsste, und aus dem Hotel müsste man zurückkehren, und alles wäre wie zuvor oder noch staubiger.

Der Neuanfang des Alltags ist daher, Dinge neu anzuschaffen, mit dem festen Vorsatz, dass diesmal, ab jetzt, alles anders wird, aber wirklich. Diese scharfen Messer werde ich nicht mit den anderen in die Schublade donnern, wo ihre Klingen stumpf und stumpfer werden; diese Badezimmerhandtücher werde ich alle auf die gleiche Kante falten und nur mit Gleichfarbigem waschen; dieses neue Werkzeugset im praktischen Drei-Etagen-Koffer werde ich von nun an hegen und pflegen und alles immer an seinen Ort zurücktun, sobald ich mit der Benutzung fertig bin.

Hierdurch beantwortet sich auch die Frage, warum es auf den Sonderverkaufsflächen der Discounter und an den Kopfenden der Gänge von Baumärkten immer wieder Werkzeugsets gibt, 148 Teile, teilw. Edelstahl. Nicht weil so viele Menschen plötzlich von null auf 148 Werkzeug brauchen. Sondern weil so viele Menschen sich nach einem Neuanfang sehnen. Endlich immer alles finden, endlich immer Ordnung. Eine Hoffnung und ein Versprechen, die weit über die Verfügbarkeit von Inbusschlüsseln* und Kreuzschlitzschraubendrehern hinausgehen. Jedes Maulschlüsselset verspricht

---

* Ich habe bei der Arbeit an dieser Passage gelernt, dass es »Inbus« und nicht, wie ich jahrzehntelang dachte, »Imbus« heißt.

mir, dass ich vielleicht doch ein ordentlicher und pragmatischer Mensch werden könnte, diesmal. Aber wenn ich dann das nächste Mal ins vor zwei Monaten neu erworbene Maulschlüsselset schaue, fehlt natürlich schon der Fünfzehner, weil man den für die Fahrradschraube braucht und ich letztes Mal gedacht habe, ach, wer weiß, wann ich den wieder brauche, vielleicht schon morgen, ich lege ihn mal hierhin, und niemand weiß heute, was »hierhin« gestern bedeutet hat.

Es ist für mich sehr schade, dass ich mir hier so im Wege stehe, denn wenn ich das Werkzeug endlich einmal gefunden oder in großem Umfang (aber zu einem guten Preis) neu angeschafft habe, benutze ich es eigentlich sehr gern. Mir fehlen das Fachwissen und die Erfahrung, aber von meinem Vater habe ich gelernt, dass man Werkzeug nur unerschrocken genug und mit einem leicht angestrengten Gesichtsausdruck anwenden muss, wobei man so ein bisschen zwischen den Zähnen flucht, dann kommt am Ende schon irgendwas dabei heraus, eine provisorische Lösung. Vielleicht ein geflickter Reifen, vielleicht ein festgezogenes Türscharnier, vielleicht ein etwas dichterer Abfluss. Oder zumindest die scheinbar informierte Einschätzung: »Nee, da ist beim besten Willen nichts mehr zu machen.« Gefolgt vom Vorsatz, Fachleute zu holen oder bei nächster Gelegenheit besseres Werkzeug anzuschaffen.

Was mich daran beeindruckt: dass ich in ca. fünfunddreißig Jahren selbstständigen Wohnens so gut wie nichts dazugelernt habe in Sachen Werkzeugpflege und Werkzeugbenutzung. Es hat keinerlei Fortschritte gegeben, nur das Werkzeug und seine Nester sind immer mehr und immer unübersichtlicher geworden. Bei der Beerdigung meines Onkels wurden auf den Tischen der Trauerfeier als Andenken für die Gäste jene Golfbälle ausgelegt, die er immer beim Schlendern über den Platz gefunden hat, er hatte eine Gabe dafür, er zog sie geradezu an. Bei mir wird man Rohrzangen, Bohrbits, Dübelkästen und Maulschlüssel auslegen können (nur ein Fünfzehner wird nicht darunter sein).

Vor allem aber bin ich ein bisschen stolz, dass ich in all den Jahren meine Unerschrockenheit nicht abgelegt habe. Ich bin pro Improvisation, kontra Perfektionismus. Ich hand- und heimwerkere, wie ich lebe. Ich versuche es mit dem Reparieren, dem Anbringen und Aufhängen und den dafür benötigten Werkzeugen immer wieder, weil ich mich nicht entmutigen lasse und weil ich darauf vertraue, dass es beim nächsten Mal irgendwie doch klappen wird. Betonung auf irgendwie.

Und, das spielt natürlich auch eine Rolle: Weil man nur die Erfolge sieht, die abgebrochenen Versuche aber nicht, habe ich im Laufe der Jahre im Grunde doch eine ganze Menge Handwerkliches geschafft. Was zur Folge hat, dass sich bei allen häuslichen Ereignissen, die nach Heimwerkerei riechen, die erwartungs-, ja, hoffnungsvollen Blicke meiner Familie auf mich richten.

Ein bisschen verzweifle ich darüber, ein bisschen macht es mich auch stolz. Was man mir zutraut! Weil ich zwar vier Lampen nicht, eine am Ende aber irgendwie doch aufgehängt habe, und nun leuchtet sie, der Stern meiner provisorischen Fähigkeiten. Also mache ich mich wieder ans Werk, schon allein deshalb, weil ich Angst habe, dass jemand anders aus dem Haushalt sich daranmacht und mir dann die unvermeidliche Frage stellt: Sag mal, haben wir in der und der Größe einen Schraubenzieher? Der muss doch irgendwo sein, du kaufst doch ständig neues Werkzeug?

Was ich mit all meinem Werkzeug erreiche, sind bestenfalls Provisorien. Zum Beispiel die eine Lampe, die ich gerade erwähnt habe. Als wir hier einzogen, kaufte ich diese sehr schöne Deckenlampe, die man dimmen konnte. Konnte, weil es irgendwann nicht mehr ging, und immer brannten die Leuchtmittel durch (ich sage auch zärtlich Glühbirne, aber nicht, wenn ich im Baumarkt danach frage). Meine provisorische Lösung war, in immer kürzer werdenden Abständen neue Leuchtmittel zu kaufen. So mache ich das immer: Ich entwickele sogenannte »work-arounds«, das heißt, ich arbeite um das Problem herum, statt es zu lösen. Ich stelle fest, dass nur noch ganz bestimmte Leuchtmittel nicht ganz so schnell durchbrennen, und wo ich sie bekommen kann. Ich kaufe immer gleich mehrere, sie sind sehr teuer. Der Vorrat ist schnell aufgebraucht.

Wir sitzen im Dunkeln und warten auf die Sendung mit neuen Leuchtmitteln, denn es gibt sie nicht mehr im Baumarkt. Die Sendung ist noch vier Lieferadressen entfernt. Ich fummele mit dem neuen Werkzeug an der alten Lampe herum. Ich bin froh, dies überlebt zu haben, vor Freude werfe ich das neue Werkzeug nur in die allgemeine Richtung des neuen Werkzeugkoffers. Es entsteht ein neues Werkzeugnest. Ich mache mir das Leben also schwer, weil ich es mir leichter machen will, ich treibe immer mehr sinnlosen Aufwand, um das, was dringend getan werden müsste, weiter und immer weiter in die Zukunft verschieben zu können. Ich habe keine Ahnung, woran mich das erinnert, aber ich habe das Gefühl, ich bin ein richtiger Mensch meiner Zeit.

Endlich rufe ich nicht nur einen Elektriker, sondern er kommt auch. Er ist sehr nett und kompetent, er erklärt mir, dass der Dimmer, der vor siebzehn Jahren hier eingebaut wurde, nur mit den alten Glühbirnen kompatibel war, die es seit zwölf Jahren nicht mehr gibt. Er tauscht den Dimmer aus und nimmt die Lampe mit, die durch meine Reparaturversuche zwar beschädigt, aber vom Elektriker in der Werkstatt noch zu retten ist. Er sagt, ich soll provisorisch eine andere Lampe aufhängen. Ich gehe zu Ikea und kaufe die billigste Deckenleuchte, sie kostet unter zehn Euro. Sie ist gar nicht so schlecht, aber deutlich schlechter als die, die gerade in der Werkstatt ist. Provisorisch hängt sie von der Decke und erleuchtet den Esstisch besser, als es jedes brennende Leuchtmittel je tun könnte. Der Elektriker bringt die reparierte Lampe wieder. Ich lege sie ins Regal.

Dies war im vorigen Jahr. Die provisorische Lampe wirft ein nicht besonders schönes, aber brauchbares Licht auf meine Tastatur, während ich dies schreibe, und ihr Lichtkegel reicht bis fast zum Wandregal, wo die reparierte Lampe liegt. Es ist wie mit der letzten Umzugskiste, die noch Jahre später in irgendeiner Ecke steht und die inzwischen als provisorische Ablage für Dinge dient, die keinen Ort haben. Leben mit Provisorien ist Kampf gegen die Sterblichkeit und Akzeptanz von Vergeblichkeit zugleich. Es gibt immer noch etwas in der Zukunft zu tun, zu verbessern, immer noch irgendein Provisorium, das es endlich in eine gute Lösung umzuwandeln gilt. Ich sehe es nicht mehr als Zeichen von Unzulänglichkeit, sondern als Ausdruck von Zuversicht. Und als realistische Einschätzung, dass Vollkommenheit unerreichbar und ein Streben danach sinnlos ist.

Und wie schön die Vorfreude ist. Stell dir vor, ich finde den passenden Schraubenzieher, den Phasenprüfer, die Abisolierzange und die Zeit. Und dann hängt die alte Lampe wieder. Ich weiß nicht, wann das sein wird, aber ich freue mich jetzt schon darauf.

DIE SCHUHE BLEIBEN AN/AUS:
NÄHE UND DISTANZ

Wie immer, wenn die Welt sich verändert, entsteht für eine Weile Chaos. Dann fahren einige Jahre lang Pferdefuhrwerke und Autos über die gleichen Straßen. Oder Gäste auf Socken stehen neben Gästen in Schuhen.

Diese Entwicklung ist, nach dem Abfragen der Ernährungsgewohnheiten von Menschen, die man einlädt, die größte Veränderung beim Gästehaben in den letzten sagen wir zwanzig Jahren. Die Frage »Sollen wir die Schuhe ausziehen?«, wenn man reinkommt, und dass man nicht mehr genau weiß, welche Antwort folgt. Ja, bitte? Nein, braucht ihr nicht? Oder, eigentlich das Schwierigste: Das könnt ihr machen, wie ihr wollt?

Wenn man Gäste eingeladen hat, öffnet man sich der Welt, zugleich öffnet man der Welt sich selbst. Man lässt das Draußen rein und zeigt sich von innen. Ich glaube, darum ist es so schön und zugleich stressig für viele, Gäste zu haben. Darum habe ich selbst manchmal plötzlich ganz große Lust, Gäste einzuladen, aber je näher der betreffende Abend dann rückt, desto mehr gerate ich in Unruhe, bis hin zum zentralen Gedanken aller geselligen Introvertierten: Warum habe ich das getan!

Und all das, der Übergang vom Draußen ins Drinnen, das Sich-Öffnen und das Reinlassen, spitzt sich zu in der Frage, Schuhe an oder aus.

Ich weiß heute schon nicht mehr, wie das in der Etagenwohnung meiner Kindheit geregelt war. Wir hatten in allen Räumen Teppich; Auslegware hieß das. Es muss im Flur einen Schuhschrank oder ein Schuhregal gegeben haben, denn meine Eltern sind ja nicht mit Schuhen ins Bett gegangen. Aber wenn nicht gerade Winter war und die West-Berliner Straßen voller Schneematsch und Streusalz, galt, würde ich sagen, die Regel: Kinder ziehen ihre Schuhe aus, bevor sie reinkommen, und stellen sie draußen vor die Wohnungstür. Erwachsene dürfen ihre Schuhe anbehalten und auch ansonsten machen, was sie wollen.

In den Achtzigerjahren wurde es deshalb für mich zum wichtigen Emblem des Erwachsenwerdens, in geschlossenen Räumen die Schuhe anbehalten zu dürfen. Anfang der Neunziger kam es in meiner Erinnerung deshalb zum ersten kulturellen Aufeinanderprallen im Fußbereich. Bei WG-Frühstücken, die aus Platzgründen bei größeren Gruppen auf dem Fußboden stattfanden, hatten aus West-Berlin stammende Gäste ihre Straßenschuhe an, während die aus Ost-Berlin stammenden ihre Schuhe ausgezogen hatten. Ich erinnere mich an ein Gespräch über diesen Kontrast und an die Mitteilung eines Kommilitonen aus Weißensee, er finde es unzivilisiert, sich in der Wohnung mit den Schuhen zu bewegen, mit denen man draußen durch, und hier zitiere ich aus dem Gedächtnis, Kotze, Pisse und Scheiße gelaufen sei. Dafür, wandte ich ein, gebe es Fußmatten. Ja, sagte er, wenn die Schuhe noch nicht dreckig seien, dann wären sie es spätestens, wenn man sie auf einer Fußmatte mit dem Dreck der anderen eingerieben hätte.

Das war und ist alles überhaupt nicht von der Hand zu weisen, und ich verstehe die Fassungslosigkeit von Menschen zum Beispiel aus türkischen, arabischen oder japanischen Familien, wenn es um die unhygienische Alman-Unart geht, den Dreck von draußen nach drinnen zu tragen. Es ergibt komplett Sinn, es ist aus meiner Sicht ein kultureller und historischer Fortschritt, es drinnen nicht so dreckig wie möglich zu machen. Aber was bleibt, war schon das, was ich im Schneidersitz am Frühstückslaken in der Neunzigerjahre-WG nicht so richtig formulieren konnte: das Gefühl, dass mit dem Ausziehen der Schuhe eine Intimität entsteht, der ich nicht unbedingt immer und überall gewachsen bin und die ich deshalb oft lieber vermeiden möchte.

Ich habe auch immer noch dieses kindliche Gefühl

in Socken. Es macht mir nichts aus, Menschen, die ich sehr gut kenne und die ich mag, barfuß oder in Socken gegenüberzutreten. Aber unter Zufallsbekannten oder gar Menschen, die ich zum ersten Mal sehe: schwierig. Ich bin deshalb ehrlich gesagt dazu übergegangen, manchmal meine eigenen Hausschuhe mitzubringen. Wenn ich weiß oder ahne, dass man die Schuhe ausziehen soll. Eigentlich ziehe ich gern die Schuhe aus, denn das Drinnen ist mir wichtiger, als es mir als junger Erwachsener war, und die Sache mit dem Schmutz leuchtet mir längst und unmittelbar ein. Aber ich habe eine ganz irrationale Abneigung gegen Hausschuhe, die extra für Besuch bereitgehalten werden. Es fühlt sich für mich an, als würde man mir im Hotel die unabgezogene Bettwäsche der Vorgäste anbieten. Zugleich möchte ich kein Und-was-machst-du-so-Gespräch in Strümpfen führen.

Neulich habe ich sogar extra Drinnenschuhe, die keine Hausschuhe sind, mitgebracht. Ich war bei meiner Freundin Alena zum Geburtstag eingeladen, im Winter, in der dreckigen Großstadt, und ich wusste, dass ich meine Stiefel würde ausziehen wollen. Weil ich aber auch wusste, dass ihre Mutter dort sein würde, packte ich ein ganz frisches Paar grauer Sneaker ein, um diese dann beim oder vorm Betreten der Wohnung anzuziehen. International gilt es als Zeichen des Respekts, wenn Gäste ihre Schuhe ausziehen: Respekt vor dem Haushalt und dem Wohnungs-Innenleben der anderen. Ich kann das absolut nachvollziehen, aber paradoxerweise erschien es mir respektlos, der Mutter meiner Freundin, also einer Person, die ich nicht so gut kenne, die ich aber sehr schätze und mit der ich mich gern unterhalte, auf Strümpfen gegenüberzutreten. Es war ein sehr gutes Gefühl, diese sauberen Nicht-Hausschuhe anzuziehen. Denn obwohl ich zu Hause gern Pantoffeln trage, bin ich doch immer noch durch meine Eltern und die Zeit geprägt, in der Hausschuhe nur hämisch betrachtet wurden. Es gab Pantoffelhelden, oder Männer standen unter dem Pantoffel, man musste, um etwas zu erreichen, buchstäblich aus den Puschen kommen. Hausschuhe waren extrem negativ konnotiert, und für mich haben sie das nicht ablegen können.

Es wäre also die Lösung für zumindest mein persönliches Schuh-Dilemma, bei Besuchen in anderen Wohnungen immer frische Schuhe dabeizuhaben, die keine Hausschuhe sind. Aber möchte ich der Mann sein, der sich mit zwei Paar Schuhen durch die Stadt bewegt? Frauen tun es mit schönen, aber unbequemen Schuhen doch auch, oder Menschen, die Sport machen wollen, was wäre also dabei?

So oder so bliebe es eine Notlösung. Ich bin sicher, dass sich Schuhe-aus beim Hausbesuch irgendwann durchsetzen wird und dass wir es als gar nicht unangenehm und gar nicht kindisch empfinden werden, einander auf Socken zu begegnen. Es wird ein größeres Angebot an leichten, kleinfaltbaren, nicht hässlichen

Hausschuhen geben, die man in der Jacke hat wie Taschentücher oder die FFP2-Maske, automatisch, auch wenn man sie nicht braucht. (Oder wir werden in zwanzig, dreißig Jahren eh alle viel mehr auf der Straße oder in den Wäldern leben, aber das ist ein völlig anderes Thema.)

Bis dahin bleibt das mit den Schuhen so, wie es mit Gästen insgesamt ist: ein bisschen unklar, chaotisch, man weiß nie, was einen erwartet. Ich merke, dass ich immer dann große Freude an der Vorstellung habe, Menschen zu mir nach Hause einzuladen, wenn mein Alltagsleben längere Zeit eher gleichförmig und erwartbar verlaufen ist. Ich merke, dass ich mich immer dann besonders über eine Einladung zu jemand anderem nach Hause freue, wenn ich das Gefühl habe, zu lange in meinen eigenen vier Wänden gehockt zu haben. Trotz aller gesellschaftlichen Konventionen bleibt es unberechenbar, aufregend und ein bisschen anstrengend, Gäste zu haben oder Gast zu sein. Man weiß nie, ob man selbst oder die Gäste mit oder ohne Schuhe dastehen. Man weiß nie, wer sich mit wem wie versteht, ob das eigene Essen gelingt, ob das andere Essen schmeckt, ob jemand sich komplett betrinkt oder ob Momente ganz überraschender Nähe und Leichtigkeit entstehen. Man weiß es nicht, bis man die Leute eingeladen und reingelassen hat oder bis man hingegangen ist und die Welt der anderen betreten hat, in welchen Schuhen oder Strümpfen auch immer.

Eins bleibt gleich, egal, ob man eingeladen wird oder Gäste bekommt: Danach weiß man erst wieder so richtig zu schätzen, wie schön es ist, nach Hause zu kommen oder sein Zuhause wieder für sich allein zu haben.

DIE GEKLAUTE FUSSMATTE:
HAUSWARTSLEUTE UND
NACHBARSCHAFTSSTREIT

Die Auseinandersetzungen mit den Hauswartsleuten fingen in dem Moment an, als wir in das Haus einzogen, und sie hörten selbst nach unserem Auszug nicht auf. Es war ein Kampf um Lebensstile, Weltanschauungen und Fußmatten, und er wurde, was man zumindest am letzten Wort merkt, vorwiegend im Treppenhaus ausgetragen.

Kurz nach der Jahrtausendwende zogen meine Freundin und ich zusammen. Wir hatten eine ganz schöne Wohnung gefunden, weil man eine superschöne, perfekte Wohnung schon damals nicht mehr finden konnte, auch als kinderlose Doppelverdiener nicht. Die Wohnung war ein vollkommener Kompromiss. Nah am Fluss, fast im beliebten Stadtviertel, aber an einer Hauptverkehrsstraße. Relativ preiswert, dafür aber auch relativ klein. Ein etwas unansehnliches Fünfzigerjahre-Rotklinker-Mietshaus, aber dafür mit einem sehr gepflegten Treppenhaus. So was kannten wir aus Berlin nicht. Rollteppich, die Stufen hinauf! Einheitliche Türschilder! Einheitliche Fußmatten! Es war fast ein bisschen too much, oder: Es *war* too much. Aber wir dachten: Ist doch schön, wenn jemand sich kümmert.

Jemand, das war das Hauswarts-Ehepaar. Ich möchte sie gar nicht groß beschreiben, weil es immer unangenehm ist, Klischees zu reproduzieren; ich möchte mir sie aber auch nicht ausdenken, weil ich sie nicht zu Romanfiguren veredeln will. Also: Wir zogen ein, und weil wir um die dreißig waren, durchaus noch unter Teilnahme oder sagen wir Anteilnahme von Menschen aus unserem Bekanntenkreis. Es liefen zwei Stunden etwa sechs bis acht Leute durchs Treppenhaus, es gab eine Umzugssuppe und Bier, und als alle weg waren, dauerte es keine zwanzig Minuten, bis der Hauswarts-Ehemann an unserer Wohnungstür klingelte. Ich schwöre, ich hatte schon den Primel-Topf in der Hand. Zu einer Übergabe kam es aber nicht, weil er mich anfuhr mit den Worten: »Haben Sie immer noch nicht gesaugt?« Ich verstand erst mal überhaupt nicht, worum es ging, weil ich es nicht gewohnt war, dass man der Hausgemeinschaft Rechenschaft darüber ablegen musste, wann man seine Wohnung saugte. Es stimmte ja, ich saugte viel zu selten und vor allem auch nicht gründlich genug, mehr so husch-di-husch, wie meine Mutter das zu nennen pflegte, aber war das nicht eher eine Sache zwischen meiner zukünftigen Ehefrau und mir?

Aber es ging um das Treppenhaus. Dies müsste nach jeder Intensiv-Nutzung gesaugt werden, dafür befände sich auf jedem Treppenabsatz eine Steckdose.

Ich sagte, gut, das würde ich verstehen, wenn ich es auch nicht gewohnt sei, aber nun seien wir ja gerade erst eingezogen und wir hätten gerade noch andere Dinge zu tun und ich würde mich morgen darum kümmern.

Der Hauswarts-Ehemann sagte dann einen Satz, der für mich ein typischer Treppenhaus-Satz ist. Also, von der grammatikalischen Struktur her. Er sagte: »Nein, das passiert sofort.« Drei Wochen später, als meine Schwester den untenrum etwas zu großen Weihnachtsbaum bei uns im Badzimmer mit der Säge bearbeitete, klingelte er und sagte: »Das Sägen hört dann jetzt auf.« Drei Jahre später, als wir ein Kind hatten und einen Kinderwagen, den wir ins Treppenhaus stellten, sagte er: »Der Kinderwagen ist morgen da weg.«

Die Grammatik dieser Sätze legte nahe, dass er über eine Art seherischer Fähigkeit verfügte, dass er voraussagen konnte, was in der Zukunft ohne sein oder unser Zutun passieren würde. In Wahrheit wollte er uns einerseits nicht bitten, etwas zu tun, andererseits wollte er auch nicht sagen »Sie müssen«, weil dann ganz offensichtlich gewesen wäre, dass wir dieses oder jenes gar nicht tun mussten.

Im Nachhinein lässt sich, glaube ich, der Konflikt ganz einfach beschreiben. Es war ein Mietshaus mit vielen

Parteien, die dort schon seit Jahrzehnten lebten und die sich daran gewöhnt hatten, dass die Dinge auf eine bestimmte Art und Weise gemacht wurden. Nach und nach zogen sich immer mehr dieser alteingesessenen Mietparteien aus der Gemeinschaft zurück, indem sie starben. An ihre Stelle traten, von der Hausverwaltung ausgewählt, Leute wie wir. Also irgendwelche Ganzgutverdiener, die nicht dabei gewesen waren, als der taubenblaue Treppenläufer im Haus ausgerollt und mit Messingstangen an den Setzstufen fixiert wurde. Oder als die Typografie für die einheitlichen Messingtürschilder festgelegt wurde. Vor allem: Leute, denen das einfach auch nicht so wichtig war und die noch nie mit Messing im Treppenhaus gelebt hatten. Es war also eigentlich ein Kampf zwischen »Das haben wir schon immer so gemacht« und »Hä? Was? Na gut«. Zwar kann »Das haben wir schon immer so gemacht« diesen Kampf auf die Dauer nicht gewinnen, weil lang- und mittelfristig nichts mächtiger ist als einigermaßen wohlwollendes Desinteresse. »Hä?« setzt sich auf die Dauer irgendwann durch. Aber kurzfristig hat »Das haben wir schon immer so gemacht« die schärferen Waffen, nämlich: Anschisse.

Die Anschisse bekamen wir im Treppenhaus wegen der Dinge, die wir im Treppenhaus angerichtet hatten. Das Treppenhaus ist die Übergangszone zwischen den verschiedenen Privatbereichen, darum finden dort die Konflikte zwischen den Weltanschauungen statt. Es wurde bald so belastend, dass ich nur noch angespannt durchs Treppenhaus hastete, immer in der Hoffnung, den Hauswartsleuten nicht zu begegnen. Einerseits war es ein schönes Gefühl, wenn sich die Wohnungstür wieder hinter mir schloss. Andererseits fühlte es sich falsch und traurig an, so zu leben, als wäre unmittelbar hinter der Wohnungstürschwelle feindliches Gebiet. Das Treppenhaus, vielleicht der Vorgarten – es wäre doch schön, wenn das eine Art Puffer zur Außenwelt wäre, eine Zone des Übergangs, wie eine Schleuse vom privaten in den öffentlichen Raum. Stattdessen war das Treppenhaus der Ort, an dem mir gesagt wurde, wir wären »Schmutzfinken«. Meine Begeisterung über dieses altmodische Wort, auf das man ja auch erst mal kommen muss, fiel mit meiner Sprachlosigkeit darüber zusammen, wie man auf die Idee kommen konnte, andere Erwachsene so zu nennen. Der Anlass war, glaube ich, dass wir einen Karton mit Altpapier vor unserer Wohnungstür abgestellt hatten, und zwar nicht fünf Monate, sondern einen Vormittag.

Wir haben uns damals natürlich gewehrt, weil wir unsere Mieterwürde verteidigen wollten und weil wir das Treppenhaus als neutralen Bereich behalten wollten. Also anders gesagt, weil wir stinksauer waren. Aber wir haben alles falsch gemacht. Teilweise leisteten wir halbherzigen Widerstand. Uns war schon klar, dass wir um das ovale Messingtürschild von dieser einen speziellen Schlosserei nicht herumkommen würden, aber als Zeichen unserer Individualität nahmen wir eine andere Schrifttype als die, die die Hauswartsfrau uns mitgeteilt hatte. Am Ende ärgerte sie sich zwar sehr, aber wir hatten trotzdem achtzig Mark für ein immer noch sehr hässliches Türschild ausgegeben. Wir hatten weder eine Versöhnung noch eine Abgrenzung erreicht. Weil unser Kinderwagen angeblich das Treppenhaus verschmutzte (ich habe mich wirklich nie wieder so dreckig gefühlt wie in diesem Haus), haben wir die Reifen vorm Reintragen mit einem speziellen Lappen abgewischt. Wir haben, man muss sich das auf der Zunge zergehen lassen, Kinderwagenreifen gesäubert, um keine Spuren im Treppenhaus zu hinterlassen. Wir haben uns versteckt (oh, wie ich Huschen gelernt habe in diesen Jahren, und bloß nicht das Licht im Treppenhaus anmachen), wir haben uns um Appeasement bemüht (Weihnachtsgeschenke an die, die uns peinigten), wir haben uns zu Schreiereien provozieren lassen, und all das manchmal innerhalb einer Woche oder eines Nachmittags.

Eines Tages aber wurde mir klar, dass wir in diesem Treppenhaus nie zu Hause sein würden, und damit im Grunde auch nicht hinter unserer Wohnungstür. Die Hauswartsleute wohnten direkt über uns, im dritten Stock, und bisher hatte ich es vermieden, zu ihnen hinaufzusteigen. Ich wollte zu einem Nachbarn auf der gleichen Etage, der ein Paket für uns angenommen hatte. Als ich die Treppe hinaufstieg, sah ich, dass vor der Wohnungstür der Hauswartsleute ein aufwändiges Deko-Arrangement stand. Eine Schale mit Trockenblumen auf einem Vasenständer, der genau in die Ecke zwischen Wohnungstür und Treppenhauswand passte. Am Fuße des Vasenständers Tonfiguren, die, wie ich im Laufe der nächsten sechs Jahre mitansehen durfte, jahreszeitlich ausgetauscht wurden. Schneemann, Osterhase, Seestern, Frosch und Weihnachtsmann. Auch das Blumengesteck folgte diesem Rhythmus. Das war nicht mein Geschmack, aber es war sorgfältig arrangiert, sauber und insgesamt auf eine ganz spezifische Art und Weise picobello, wie man vielleicht sagen könnte. In dem Moment, als ich diese Manifestation der Hauswarts-Psyche zum ersten Mal sah, wurden mir zwei Dinge klar. Erstens, dass die Hauswartsleute das Treppenhaus als einen Teil ihrer eigenen Welt sahen und dass daher jedes unserer Staubkörner ein direkter Angriff auf sie war. Zweitens, dass es sich hierbei um eine bei aller Astern-Steckerei völlig unverblümte Machtdemonstration handelte. Niemand sonst im Haus durfte auch nur einen einzelnen Schuh, geschweige denn ein Paar Schuhe vor seine Wohnungstür stellen, aber die Hauswartsleute durften sich dekorativ ausbreiten, als gehörte ihnen die Welt. Es war die Unterdrückung des öffentlichen Raumes durch ihre privaten Vorlieben. Von uns wurde erwartet, dass wir uns unterwarfen, das wurde uns hier deutlich signalisiert.

Ich glaube, wenn man irgendwo wohnt, wo man mit den Leuten nicht klarkommt, hilft es, sich zu fragen, welche Machtstrukturen dahinterliegen. Ich glaube, die Nachbarin, die sich beschwert, weil man die Musik zu laut gemacht hat, fühlt sich machtlos gegen den Lärm und ist deshalb wütend. Manchmal merkt man es womöglich gar nicht, dass man über Menschen in der Nähe Macht ausübt, dass man ihnen das Gefühl gibt, sie zu unterdrücken. Ich glaube, der Nachbar, der im Müllraum die außerordentlich passiv-aggressiven Schilder zur Mülltrennung aufgehängt hat, handgeschrieben, aufwendig formuliert, hat sich einfach machtlos gefühlt angesichts der Mengen unzerkleinerter Bestellkartons. Ich war froh, als jemand die Schilder abgenommen und in den (korrekten) Müllcontainer getan hat, aber seitdem zerkleinere ich trotzdem etwas gewissenhafter. Es ist schön, Menschen, die sich machtlos fühlen, zu zeigen, dass man nicht über sie herrschen und sie nicht unterdrücken möchte. Was aber macht man, wenn Menschen einem zeigen wollen, dass sie Macht über einen haben?

Niemand hat mehr Macht über Menschen in einem Miethaus als herrschsüchtige Hauswartsleute, darum ist der Konflikt mit ihnen die extremste Ausprägung des Nachbarschaftsstreits. Und wir hätten uns dieses starke Machtgefälle von Anfang an bewusst machen müssen, wir hätten nicht versuchen dürfen, aus einer Position der Unterlegenheit heraus mit unzulänglichen Mitteln gegen übermächtige Gegner anzugehen. Kleine Geschenke, trotzdem lächeln, hin und wieder zurückpöbeln: So improvisiertes Gehabe hilft nicht gegen Leute, die Macht ausleben wollen und können. Ich glaube, es hilft nur, ganz strukturiert und nach den Vorschriften vorzugehen. Im Mietvertrag steht nirgendwo, dass wir das Treppenhaus zu saugen haben, aber ich tue Ihnen den Gefallen und mache es trotzdem, aber erst in einer Stunde. Es gibt in Deutschland keine gesetzlich vorgeschriebene Mittagsruhe, aber in Hamburg werden Ruhezeiten von 13 bis 15 und von 20 bis 7 Uhr empfohlen. Außerhalb dieser Zeiten werden Sie sich daran gewöhnen müssen, dass wir zum Beispiel unseren Weihnachtsbaum bearbeiten. Und so weiter. Beim nächsten Mal dann sofort einen ganz netten, verbindlichen Brief an die Hausverwaltung. Also: sofort entschieden und sachlich dagegenhalten. Vielleicht hätten wir damit nicht erreicht, dass sie unseren Kinderwagen in Ruhe lassen, und vermutlich hätten sie uns trotzdem Schmutzfinken genannt. Aber wir wären mit uns selbst klarer gewesen, und wir hätten nicht so viel darüber grübeln müssen, ob wir uns richtig verhalten.

Als wir auszogen, wurde mir endgültig klar, dass es sich hier jahrelang um einen Machtkampf gehandelt hatte. Ich habe schon ein paarmal die einheitlichen Fußmatten erwähnt. Tatsächlich stand in unserem Mietvertrag der Zusatz, dass die Fußmatten Eigentum der Hausverwaltung sind und zum Inventar des Hauses gehören. Nach sechs Jahren zogen wir zwei Parallelstraßen weiter, in einen Neubau. Nachdem die Möbelpacker fertig waren, saugte ich das Treppenhaus, ich war im Grunde innerlich längst gebrochen. Und ich reinigte die anthrazitfarbene Fußmatte über der Badewanne, damit man mir nichts nachsagen konnte. Eigentlich, und das ekelte mich noch in diesem Moment, suchte ich immer noch die Anerkennung meiner Piesacker, eigentlich wollte ich immer noch alles richtig machen. Ich hängte die Fußmatte zum Trocknen über unseren Badewannenrand und verließ die Wohnung in Richtung meiner neuen Adresse.

Als ich dort ankam, klingelte mein Handy. Es waren die nettesten Nachbarn aus dem alten Haus, ein junges Paar mit Kind aus dem Erdgeschoss, wir hatten uns angefreundet. Die Nachbarin sagte, die Hauswartsleute seien auf dem Weg zu uns. Es täte ihr sehr leid, aber sie hätte ihnen unsere neue Adresse gesagt, weil sie gedacht hätte, sie wollten uns etwas nachschicken oder so. Aber dann hätte sich herausgestellt, dass sie sofort zu uns kommen würden, sie wären gerade aufgebrochen.

Es gibt kein Entkommen, dachte ich.

»Sie sagen, ihr habt die Fußmatte gestohlen«, sagte die Nachbarin. »Sie sind auf dem Weg zu euch, um sich die Fußmatte wiederzuholen.«

Wir haben gelacht, aber es war auch schrecklich. Meine Frau und ich ließen die neuen Rollläden vor den neuen Fenstern herunter, löschten alle Lichter und setzten uns mit den Kindern ins dunkle Kinderzimmer. Unten läutete es an der Haustür. Ein paarmal. Draußen standen zwei Leute, die es nicht ertragen konnten, dass wir uns ihrem Machtbereich entzogen hatten. Aber dieses Mal öffneten wir ihnen nicht die Tür.

DAS GLÜCKLICHE BETT:
SCHLAFEN UND AUFWACHEN

Zu den absurdesten Erlebnissen meiner Kindheit gehört, wie erst meine Großmutter und einige Jahre später dann meine Eltern mittags in einen anderen Raum gingen, um sich dort auf einem speziellen Möbel länglich auszustrecken. Nicht infolge eines Missgeschicks oder gar eines Unfalls, sondern mit voller Absicht, über einen längeren Zeitraum. Es war ihnen völlig egal, was sie währenddessen alles verpassten und dass sie sich danach womöglich noch mal die Haare kämmen mussten. Sich hinlegen, Dinge verpassen, Haare kämmen: Ihr abseitiges Wohnritual vereinte alle Dinge miteinander, die ich hasste. Da konnte insbesondere meine Großmutter sich noch so sehr bemühen, ihre Gewohnheit mit heiteren Bezeichnungen aufzujazzen: Matratzenhorchdienst, Augenpflege, auf eine Ratze gehen. Ich wollte nichts damit zu tun haben.

Die Vorstellung, sich mittags hinzulegen, war mir

noch als Teenager unbegreiflich, weil das Leben doch so ein köstlicher Stromkreis war, an den ich mich gerade erst angeschlossen hatte. Ich wollte ja nicht mal nachts schlafen. Als Student schien mir Mittagsschlaf abwegig, weil ich ja oft erst gegen 13 Uhr aufstand, um meine erste Vorlesung um 14 Uhr pünktlich um Viertel nach zu erreichen (dies war vor der Bologna-Reform).

Mit Mitte zwanzig verbrachte ich längere Zeit im Elternhaus meiner damaligen Freundin, und mir fiel auf, dass der Freund ihrer Mutter sich nach dem Mittagessen immer im Wohnzimmer auf die Couch legte und dort etwa eine Stunde schlief. Er muss etwa so alt gewesen sein wie ich heute, Anfang, Mitte fünfzig.

Was ist das?, fragte ich mich. Braucht der Körper das irgendwann, ist schon die Strecke vom Frühstück bis zum Mittagessen eines Tages so anstrengend, dass man sich davon erholen muss? Erwartet man in dem Alter nur noch so wenig vom Tag, dass man sich leichten Herzens ein, zwei Stunden aus den laufenden Ereignissen ausklinkt? Gibt es tatsächlich einen Punkt im Leben, an dem »Ich bin müde« nicht mehr das Eingeständnis einer Niederlage ist, sondern nur noch eine Erkenntnis?

Ehrlich gesagt hätte ich mich schon damals gern mal ein bisschen hingelegt am helllichten Tag, denn spätestens ab Mitte zwanzig wird das Leben nach meiner Erfahrung unübersichtlich. Und hört dann sehr lange nicht mehr damit auf.

Darum stimmt alles, was ich damals spekuliert habe. Ja, ab einem gewissen Alter ist das so; der Körper braucht die Pause vielleicht nicht unbedingt, aber er ist soo dankbar dafür. Ja, man lernt im Laufe der Jahrzehnte: An einem durchschnittlichen Tag passieren nun wirklich nicht so viele interessante Dinge, dass man nicht ohne Verlust ein Stündchen davon verpassen könnte. Und, ja: Die Lebensphase kommt, in der »Ich bin müde« eine nicht mit Scham behaftete Tatsache ist, auf die sich fast alle einigen können.

Ich glaube, ich habe mich selbstständig gemacht, damit ich sieben statt zwei Mittagsschläfe in der Woche machen kann. Ich sage nicht »Mittagsschläfchen«, dafür ist mir Schlaf zu kostbar. Und kostbar ist mir vor allem das, was vermutlich auch für meine Oma so wichtig war, wenn sie sich, in ihren Worten, von innen betrachtete: eine Weile nicht dabei zu sein, nicht zuständig zu sein, nicht ansprechbar. Das Beste am Mittagsschlaf ist nämlich genau die Abwesenheit, das Verpassen. Die Freiheit, für eine Stunde oder zwei nicht am Leben teilzunehmen. Wieder aufzuwachen, und der Tag ist noch einmal neu. Das herrliche kurze Gefühl der Desorientierung: Wo bin ich? Wie unvertraut und frisch das Zimmer aussieht und wie groß die Erleichterung, wenn mir klar wird, dass ich doch einiges an diesem Vormittag schon erledigt habe, es liegt schon Schwieriges hinter mir. Und falls ich es aufgeschoben habe, war die Unterbrechung auch eine Erleichterung, denn jetzt habe ich entweder frische Kraft geschöpft oder es ist jetzt eh zu spät und damit auch egal. Ich stehe auf und erobere mir die Wohnung zum zweiten Mal an diesem Tag. Ich weiß alles wieder ein bisschen mehr zu schätzen, wenn ich nicht die ganze Zeit dabei war. Ich liebe den Tag mehr, wenn ich nicht alles von ihm mitbekommen habe. Wie meine Oma, die nach ihrer kleinen Ratze immer viel besser aufgelegt war und mir das Hörnchen extra dick mit Butter bestrich.

Das Wohnen findet im Grunde um das Schlafen herum statt. Das meiste, was man sonst zu Hause macht, könnte man auch in der Öffentlichkeit machen, in Cafés, Waschsalons, Restaurants, Parks, Büchereien. Aber wenn man keinen Platz zum Schlafen hat, fällt man auf. Menschen ohne Schlafplatz werden durch feindliches Stadtmobiliar, Geschäftsleute, die Polizei und andere Faktoren daran gehindert, in der Öffentlichkeit zu schlafen. Schlafen ist ein vielschichtiges und ganz zentrales Thema der Gesellschaft, in der wir leben: Wenn ein Mensch keinen Schlafplatz hat, gehört er nicht zu dieser Gesellschaft. Und wenn ein Mensch einen Schlafplatz hat, wird erwartet, dass dieser Mensch den Schlafplatz nutzt, um sich für seine Arbeit zu regenerieren. Deshalb widmen wir dem Schlafen ein ganzes Zimmer, sobald wir mehr als nur eins haben. In Möbelhäusern, auf Webseiten und in Musterwohnungen sind die Schlafzimmer eigentlich auch immer so eingerichtet, als würden sie nur diesem einen Zweck dienen: Schlafen und dem, was kurz vor und kurz nachher passiert, also: Ausziehen, Anziehen, Sex, Lesen, Stauraum nutzen. Schlafen scheint ganz klar umgrenzt und eindeutig einrichtbar zu sein. Schlafen scheint ganz einfach. Für die meisten Menschen, die ich kenne, ist es aber das reinste Chaos.

Bei One-Night-Stands gibt es keine Bettwäsche, Studierendenwohnheime haben Wände aus Pappe. WG-Zimmer haben Futons, die niemand seit der Demonstration im Futonladen jemals geklopft hat. Autos sind laut, Straßenlaternen sind hell. Betrunkene diskutieren auf dem Bürgersteig unterm Fenster, wie viele von ihnen auf einen E-Roller passen. Wie soll man da einfach schlafen. Dann zieht man, wenn man diesem Lebensstil gegenüber aufgeschlossen ist, mit einer anderen Person zusammen und teilt mit ihr, weil dies Tradition, wenn nicht Leitkultur ist, ein Bett. Es ist oft sehr aufregend am Anfang. Es ist sicher oft später noch sehr schön. Es ist meistens erstaunlich kompliziert, gemessen daran, dass eigentlich nur zwei Leute nebeneinanderliegen, atmen und auf erholsame Art und Weise etwa zur gleichen Zeit das Bewusstsein verlieren wollen. Man hat vorher unter Umständen gar nicht geahnt, wie seltsam andere Menschen atmen können. Sobald oder falls man sich an die meisten dieser seltsamen Atmen-Arten gewöhnt hat und im Prinzip schlafen könnte, kommen Sorgen, die nachts viel größer sind als am Tag. Das Schlafzimmer bekommt dann eine ganz seltsame Bedeutung, weil man zu einer Zeit, in der man eigentlich nichts davon merken sollte, alles von diesem Zimmer mitkriegt. Zum Beispiel die Zimmerdecke. Wie der Mond sich durch die Quadranten des Fensterkreuzes bewegt. Dass der andere Mensch die Kleidung so über den Stuhl gehängt hat, dass sie im Dunkeln aussieht wie ein Frosch auf Rollschuhen. Sobald man das Nachttischlicht anmacht, verändert sich der Atem der anderen Person auf alarmierende Weise. Allein nachts im Schlafzimmer zu wohnen ist schon schlimm genug, auf keinen Fall möchte man die andere Person wecken und dann zu zweit in der Nacht wohnen statt, wie es sich gehört, zu schlafen. Man nimmt dann vorsichtig das Handy und schaut Insta-Reels von leichten Blechschäden und von Katzen, die Schwierigkeiten mit Möbeln haben, so wie man selbst, allerdings sind es bei den Katzen Stühle, Tische und Regale, die sie nicht benutzen können, während es bei einem selber Betten sind oder dieses eine.

Manchmal (oft) habe ich mich in solchen Situationen nach anderen Schlafgewohnheiten und Schlaftraditionen gesehnt. Nach einer Kultur des segmentierten oder, wie man auch sagt, intermittierenden Schlafens. So wie in alten russischen Romanen, wo Menschen mitten in der Nacht aufstehen und zwei oder drei Stunden weg sind, Briefe schreiben, einander besuchen, Diskussionen über den Unsinn des Lebens führen. Und sich dann für ein oder zwei Tiefschlafphasen noch mal hinlegen.

Die Forschung sagt, dass solche Schlafgewohnheiten bis zur Erfindung des elektrischen Lichts und bis zum von Manufakturen, Fabriken und Büros vorgegebenen Tag-Nacht-Rhythmus weit verbreitet und ganz normal waren.

Weil meine Kinder jahrelang nicht durchschliefen, wurde das Schlafchaos in meiner Wohnwelt immer größer. Wir haben zeitweise zu viert in einem Bett geschlafen, dann zu dritt mit einem Kind auf dem Fußboden, dann in zwei Betten, je ein Kind und ein Elternteil, dann mit meiner Frau in einem anderen Zimmer, dann mit mir auf der Terrasse, weil ich den Schlüssel vergessen hatte und alle zu müde waren, um mein Klingeln und meine Anrufe zu hören.

Und jetzt, ich werde es gleich beschreiben, arbeite ich sogar wieder im Schlafzimmer. Ich mache alles, wovon die Schlafforschung abrät. Und ich glaube, dass ich auch deshalb den Mittagsschlaf so liebe: weil er mein nächtliches Schlafchaos erstens ausgleicht (ich kriege irgendwo am Ende doch noch genug Schlaf) und zugleich veredelt, weil er auf die für mich herrlichste Weise ausdrückt, dass Schlaf schön, aber nicht heilig ist und dass es egal ist, wo und wann man ihn findet.

EINE ECKE FÜR MICH SELBST:
EINANDER PLATZ MACHEN

Wie kann man eigentlich zusammenleben? Mit manchen Menschen geht das so gut, dass man irgendwann nur noch an Kleinigkeiten merkt, dass man eigentlich gar nicht mit anderen Menschen leben kann. Außer mit diesem einen. Wenn man die Kleinigkeiten übersieht. Es ist dann gut, wenn man sich langfristig für eine solche Person entschieden hat, zum Beispiel durch Ehe oder durch einen gemeinsamen Mietvertrag.

Meine Frau hat zum Beispiel aus ihrer Familie die Tradition mitgebracht, dass eine noch nicht fertig ausgeräumte Geschirrspülmaschine dadurch gekennzeichnet wird, dass man über die mittlere oder die untere Geschirrspülmaschinenschublade ein Geschirrhandtuch hängt. Damit nicht jemand anderes aus dem gleichen Haushalt denkt: Ah, eine halb volle oder halb leere Geschirrspülmaschine, sicherlich wird nicht einfach jemand hier den Ausräumvorgang unterbrochen haben, daher gehe ich davon aus, dass das Geschirr darin schmutzig ist, also stelle ich meins dazu, voilà, wieder was erledigt. Es ist ja sehr ärgerlich, wenn in der Geschirrspülmaschine unausgeräumtes sauberes mit frisch eingeräumtem schmutzigem Geschirr vermischt wird. Um dies zu verhindern, wie gesagt, der Handtuchwimpel. Als jemand, der Literaturwissenschaft zumindest studiert, wenn auch nicht praktiziert hat, gefällt mir daran auch das ineinander verschachtelte Zeichensystem, die Semiotik der Geschirrreinigung: Die Maschine signalisiert mit dem Gegenstand, der nun eigentlich nicht mehr gebraucht wird, weil sie seine Aufgabe bereits erfüllt hat (das Geschirr trocknen), dass die Arbeit, die wir an ihr verrichten müssen, nur unterbrochen wurde. Es hat so eine etwas vertrackte Alltagspoesie.

Grundsätzlich aber macht es mich wahnsinnig. Weil ich daran seit fast fünfundzwanzig Jahren jedes Mal wieder aufs Neue merke, dass meine Frau und ich auf völlig unterschiedliche Art und Weise wohnen, also leben. Es dauert aus meiner Sicht drei bis fünf Minuten, eine Geschirrspülmaschine auszuräumen, daher würde ich diesen Vorgang niemals unterbrechen. Ich verstehe nicht, was im Leben meiner Frau so dringlich und so aufregend ist, dass sie zwischendurch zu dem Schluss kommt: So, neunzig Sekunden sind genug, wir unterbrechen das an dieser Stelle, nun widme ich mich einer anderen Wohnangelegenheit.

Natürlich weiß ich, dass es hundert Gründe gibt, aus denen man in Lebensvorgängen unterbrochen wird. Es klingelt, etwas kocht über, man muss plötzlich weg. Und ich unterbreche ja auch hin und wieder Vorgänge im Haushalt. Allerdings nur solche, die kein bestimmtes Zeichensystem erfordern. Wenn ich nach dem Kochen die Küche nur halb aufräume und mich zwischendurch aufs Sofa setze, dann braucht das keine besondere Fahne, der Zustand der Küche spricht für sich. Davon ist nun womöglich meine Frau genervt, weil für sie der Zustand der Küche nicht signalisiert: Kurze Pause, ich mach gleich weiter. Sondern für sie signalisiert der Zustand der Küche: Es reicht mir, kann bitte jemand anders übernehmen, mir egal, wer, aber bitte lasst mich in Ruhe.

Sofern die Aufgaben im Haushalt einigermaßen gleichmäßig verteilt sind, sprechen wir hierbei über Kleinigkeiten. Aber solche, die immer mal wieder eine überdurchschnittlich große Bedeutung bekommen. Das Küchenhandtuch ärgert mich, wenn ich sowieso schon gestresst bin, über Gebühr. Ich glaube, das liegt weder am Handtuch noch an meiner Frau, sondern es ist ein Restschmerz, der bleibt, wenn man nicht alles genauso machen kann, wie man will. Weil man anderen nicht nur in der Wohnung, sondern durchs Zusammenwohnen auch in der eigenen Seele, den eigenen Gewohnheiten, dem Ablauf der eigenen Handgriffe Platz m
Ohne das geht es nicht, aber einfach ist e

Besonders deutlich wird das, wenn es nicht nur darum geht, einander Platz einzuräumen im Sinne von: Geduld und Verständnis haben dafür, dass alle auf ihre Weise wohnen und dass sich das überlagert. Sondern wenn es darum geht, ganze Ecken oder Zimmer zu tauschen und zu räumen.

Es war womöglich voreilig, wie ich das Zimmer meines Sohnes in Besitz genommen habe. Es ging erst schleichend und dann plötzlich ganz schnell. Er zog im September nach seinem Abitur aus, um ein Jahr ins Ausland zu gehen. Während er weg war, fing er an, in Hamburg eine eigene Wohnung zu suchen und seinen endgültigen Auszug zu planen. Ich habe mich darauf verlassen. Erst ein bisschen, dann sehr. Dann kam alles anders, und jetzt weiß ich nicht mehr, wie ich leben soll. Mit leben meine ich, wie ich wohnen soll.

Die ersten Monate richtete ich mich eher provisorisch in seinem Zimmer ein. Ich kündigte das Büro, das ich außer Haus gemietet hatte. Es sammelt sich doch viel an über die Jahre. Man hört diesen Satz immer wieder, aber man versteht ihn erst so richtig, wenn man endlich einmal wieder mit eigenen Händen einen Raum ausgeräumt hat, den man acht Jahre lang unbeaufsichtigt mit Zeug befüllt hat. Auf dem Recyclinghof wurde mir nach der dritten Fuhre das Du angeboten.

Im Zimmer meines Sohnes stand noch sein Schreibtisch, schön breit, und sein sogenannter Gaming Chair, der mir unvereinbar schien mit der Würde der von mir dort zu verrichtenden Tätigkeiten (heitere Texte über meinen Alltag schreiben). Es war viel Platz in seinem Zimmer, weil meine Tochter sich am Tag nach seiner Abreise sein Bett unter den Nagel gerissen hatte. Meine Frau kaufte ein kaum gebrauchtes Designer-Sofa, auf dem man sehr gut sitzen und ganz gut schlafen kann, mit der Ansage: Das ist nun unser Gästebett, und wenn unser Sohn wiederkommt, kann er da die paar Wochen drauf schlafen, bis er richtig auszieht. Ich nickte und benutzte dieses Sofa von nun an dazu, um mich von meiner sitzenden Tätigkeit zu erholen, indem ich mich zwischendurch hinlegte. Habe ich erwähnt, dass das W-LAN in meinem neuen Arbeits-/Ausruhzimmer wirklich viel besser ist als in unserem Schlafzimmer, wo ich vor der Abreise meines Sohnes einen kleinen provisorischen Arbeitsplatz hatte? Die Dinge liefen also sehr gut für mich in meinem neuen Arbeitszimmer.

In der Woche vor der Rückkehr meines Sohnes schob ich ein bisschen meine Sachen zur Seite, damit er Platz haben würde für sein Gepäck und dafür, mithilfe des wie gesagt in diesem Raum sehr guten W-LANs seinen Auszug zu organisieren.

Wenige Tage vor seiner Ankunft schrieb er in die Familiengruppe eine Nachricht, deren genauer Wortlaut sich mir eingebrannt hat. Die Nachricht begann mit dem Wort »Leudis!« und ging weiter mit der Information »habe beschlossen, erst mal doch nicht auszuziehen, lohnt sich nicht«. Er freue sich auf uns! Und auf sein Zimmer, dachte ich, mit einem Anflug von Unbehagen.

Ich bin aber ein Vater, der einmal kurz durchatmet und dann das Zimmer, das nun wieder das des Sohnes ist, innerhalb von einem Tag in den Originalzustand zurückversetzt. Weil das Kind doch hier immer willkommen sein soll! Das sehr schöne Sofa machten wir mithilfe einer Matratzenauflage zu einem vorübergehend permanenten Bett, und all meinen Scheiß, wie wir in meiner Branche sagen, trug ich ins Schlafzimmer. Ich fühlte mich dabei froh und glücklich, meinen Sohn wieder bei uns zu haben, alle unter einem Dach. Es fühlt sich auch immer noch so an. Aber es ist eine Riesenumstellung. Und ich frage mich, warum sie so groß ist und warum ich so dermaßen an ihr scheitere.

Die neue Zeitrechnung fing damit an, dass es sehr schwierig für mich wurde, in meinem neuen Arbeits-/Schlafzimmer abends zum Bett zu kommen und morgens an den Schreibtisch. Eben wegen meinem ganzen Scheiß, der nun im Weg stand. Zwei kleinere Umzugskisten mit Steuerunterlagen hatte ich im Zimmer meines Sohnes gelassen, hinter seinem Schreibtisch, kaum zu sehen. Am Morgen nach seiner Rückkehr standen diese Kisten wieder im Flur vor seinem Zimmer. Ich war kaum gereizt, sondern fragte vorsichtig, ob er sich nicht vorstellen könnte, mir zuliebe diese beiden

Kisten eine Weile bei sich im Zimmer stehen zu lassen, so lange, bis ich mich sortiert hatte, in meinem neuen Provisorium.

Mein Sohn schaute ganz bedauernd und sagte, nein, das wäre leider nicht möglich, denn: »Ich strebe einen cleanen Look an, weißt du.«

Ich ging ins Schlafarbeitszimmer, wo ich meine Arbeit des letzten Vierteljahres, Unterlagen aus den Neunziger- und Zweitausenderjahren sowie allerhand Sachen, bei denen ich gerade nicht wusste, wohin damit, in Stapeln auf dem Fußboden angeordnet hatte. In dem einen bodentiefen Fenster stand der ausrangierte Kinderschreibtisch, den ich mir in der Pandemie als Behelfsarbeitsplatz aus dem Keller geholt hatte, 70 mal 50 Zentimeter. Im anderen Fenster stand das Stehpult, das ich manchmal betrachte, während ich mir vorstelle, wie es wäre, daran zu arbeiten. Über die Bücherstapel möchte ich nicht reden, weil ich sicher bin, sie fallen um, sobald man ihnen zu viel Aufmerksamkeit widmet. Ich ließ meinen Blick über all das schweifen und fragte mich, wie es wohl sein musste, einen »cleanen Look anzustreben«. Ich möchte den Kindern ermöglichen, dass sie ihre Persönlichkeit entfalten können. Ob dies zur Folge hat, dass ich nichts mehr über Seitengröße A5 entfalten kann, ohne dass ein Kaffeebecher zu Boden fällt, habe ich nicht bedacht.

Viel ist über das »Empty-Nest-Syndrom« geschrieben worden, also darüber, wie Eltern leiden, wenn Kinder ausziehen. Wenig darüber, was passiert, wenn Kinder doch nicht ausziehen. Dabei hätte ich, rein statistisch, darauf vorbereitet sein können. Junge Männer ziehen in Deutschland durchschnittlich erst mit vierundzwanzigeinhalb aus, junge Frauen mit dreiundzwanzig. In Deutschland leben rund siebzehn Prozent der jungen Menschen zwischen fünfundzwanzig und vierunddreißig noch bei ihren Eltern. Beides ist deutlich unter EU-Durchschnitt, ich sollte also womöglich noch dankbar sein.

Die Wahrheit ist, dass ich sowieso dankbar bin. Es passt für mich in eine Zeit von Unsicherheit, Inflation und Olaf-Scholz-Kanzlerschaft, wenn die Menschen wieder enger zusammenrücken. Ich bin eine Vaterglucke, ich bin froh, wenn alle unter einem Dach sind. Das gemeinsame Abendessen mit zwei halbwüchsigen Kindern, sechzehn und neunzig, ist für mich der Höhepunkt des Tages. Noch schöner wäre das Abendessen, wenn vorher jemand von ihnen den Geschirrspüler ausräumen und nachher den Tisch abdecken würde.

Weil ich das Unter-einem-Dach-Leben im Grunde so gluckenhaft schön finde, bringe ich reflexartig mehr Opfer dafür, als mir selbst unter Umständen guttut. Jüngst habe ich mich dabei ertappt, dass ich in unsere Haushaltsgruppe geschrieben habe, ich würde zwischen halb sieben und acht Uhr morgens Frühstücksbestellungen entgegennehmen. Eigentlich wollte ich damit nur verhindern, dass ich immer »Was wollt ihr frühstücken?« durch die Wohnung rufen muss, aber ich stelle fest, es klingt nun wie der Service in einem Boutique-Hotel.

Meine Frau macht nicht weniger als ich, sie ist dabei allerdings nicht so theatralisch. Ich versorge die Kinder mit Verve, weil ich immer denke: Man hat doch nur so kurz mit ihnen, wer weiß, wann sie weg sind. Die Rückkehr des Sohnes wirft mich nun in einen Zwiespalt: Einerseits freue ich mich, weil, von wegen, wer weiß, wann sie weg sind – da ist er ja schon wieder! Andererseits wollte ich mich doch gerade gut einrichten in seinem Weg-Sein.

Und zwar buchstäblich. Ich hatte Visionen für dieses Zimmer. Ein Doppelschreibtisch, an dem meine Frau und ich beide unserer Home-Office-Tätigkeit nachgehen. Ein Farbton für die Wand, der sich frecherweise »Dächer von Paris« nennt, und ich falle natürlich darauf rein. Eine Wand für die Plot-Planung von Kriminalromanen, mit so roten Fäden, Karteikarten und Fotos, wie in einer Fernsehserie. Stattdessen lebe ich nun im Schlafzimmer das von Instagram bekannte Van-Life, oder wie in einem Tiny House, nur ohne VW-Bus und nicht in einer Blockhütte, sondern alles vorm Kleiderschrank.

Mein Sohn geht derweil sehr diskret mit seinem Zimmer um, meist ist die Tür zu. Hin und wieder erhasche ich kurz einen Blick auf eine sehr reduzierte Nachttischlampe mit orangefarben leuchtendem Glühfaden, sparsam platzierte Topfpflanzen und wenig Abgelegtes auf viel freier Ablagefläche. Er sagt, es würde ihm helfen, sich zu fokussieren, und ich solle mich bitte nicht mit der Draußenhose aufs Bett setzen.

Ich gehe dann in mein Zimmer, setze mich mit der Hose aufs Bett und arbeite mit dem Laptop auf den Knien, weil auf dem Schreibtisch die Post von gestern liegt, sie verbraucht allen Platz. Meine Büro-Anzüge habe ich verschenkt, meine Hemden radikal aussortiert, damit ich im Kleiderschrank unter der Kleiderstange eine Aktenablage improvisieren kann.

Und dann denke ich, dass »zu Hause« nicht »die Dächer von Paris« und ein perfektes Arbeitszimmer und Nickerchen auf dem Designer-Sofa bedeutet, sondern improvisieren, durchwurschteln, sich absprechen, sich streiten und arrangieren. Zu Hause sein bedeutet nicht, Platz haben, sondern Platz machen. Und man muss die Dinge immer von zwei Seiten sehen. Dass ich mit einer Körperdrehung in meiner neuen Schlaf-Arbeits-Nische alles von den Möbeln fegen und umreißen kann, bedeutet ja aber eben auch, dass ich nun wirklich alles immer in Reichweite habe.

Zum Beispiel Virginia Woolfs klassischen feministischen Essay *Ein Zimmer für sich allein* (1929). Darin beschreibt Woolf den eigenen Raum als Zeichen von Unabhängigkeit, als Voraussetzung für Privatsphäre, aber auch im übertragenen Sinne als einen Platz in der Geschichte: gesehen, gelesen, anerkannt werden. Sie beschreibt, wie die Brontë-Schwestern ihre Romane am gemeinsamen Wohnzimmertisch schrieben. Wie Shakespeares Schwester in jederlei Hinsicht im Gegensatz zu ihrem Bruder William keinen Raum zum Schreiben gehabt hätte, falls sie es hätte tun wollen. Sie schreibt, ganz pragmatisch: »Eine Frau muss Geld und ein eigenes Zimmer haben, um schreiben zu können.« Ich muss daran denken, weil es der berühmteste Text der Weltliteratur darüber ist, ein eigenes Zimmer zu haben, oder eben auch nicht. Ich habe keins, weil der Kleiderschrank von meiner Frau und mir darinsteht. Der Drucker von allen. Trotzdem hat Woolfs Essay natürlich nichts mit mir zu tun, denn alle Privilegien, die es jemals zu verteilen gab, habe ich abbekommen, abgesehen vielleicht von einem Adelstitel und einem ererbten Vermögen. Ich sehe es vielleicht als persönliche Einschränkung, aber ganz bestimmt als Fortschritt, dass ich zu Hause genau wie alle anderen um mein Eckchen kämpfen muss und dabei nicht unbedingt das größte und bequemste abbekomme. Und ich denke: Wenn Emily Brontë *Sturmhöhe* am Wohnzimmertisch geschrieben hat, dann kann ich auch ganz bestimmt einen Wohnessay auf der Bettkante schreiben.

WER IM GLASHAUS WOHNT:
BEDÜRFNISSE UND IDEALE

Wohnideale verändern sich. Ich will keine Namen nennen, aber es gibt Gegenden in Deutschland, die handeln eigentlich nur davon, dass eine Zeit lang unvorstellbar viele Menschen in Fertighäusern wohnen wollten. Als ich jung war und dem Wohnungsmarkt zugeführt wurde, galt die Altbauwohnung als das Nonplusultra. Hohe Decken, Stuck und Jugendstilelemente. Manchen meiner Freunde gelang es, in den etwas heruntergekommenen Resten alter Gründerzeitpracht ein WG-Zimmer zu bekommen. Weil die entsprechenden Mietshäuser unrenoviert oder vergleichsweise schlecht gelegen waren, aber das war egal, Hauptsache Altbau. Meistens gab es nur eine Steckdose im Zimmer und Blei in der Wasserleitung, aber halt: Altbau.

Daran musste ich denken, als ich die Gelegenheit bekam, in einen Neubau zu ziehen. Ich fand es sehr aufregend und ungewohnt, ich kannte ja nur Altbau, oder, wenn ich ehrlich bin: hauptsächlich Fünfzigerjahre-Wiederaufbau, also so ein Mittelding. Die Aussicht, in einem Neubau zu wohnen, schien mir plötzlich wie meine persönliche Mondlandung, ein unerhörter Schritt in die Zukunft. Manchmal hat man das Gefühl, mit dem Einzug in eine neue Wohnung auch in ein neues Ich einzuziehen. Manche Aspekte einer neuen Wohnung scheinen einem wie neue Aspekte der eigenen Persönlichkeit. Vor allem faszinierten mich die bodentiefen Fenster und die streng strukturierte Fassade des Neubaus, in den wir ziehen wollten. Was für ein etwas anderer, doch leicht besonderer Mensch würde ich sein können in dieser neuen, anders gestalteten Umgebung. Heute, gut fünfzehn Jahre später, sehen eigentlich alle Häuser mit Neubauwohnungen exakt gleich aus. Und ich frage mich, was die bodentiefen Fenster über unsere Bedürfnisse und Ideale erzählen.

Früher sprach man ebenso selbstbewusst wie bescheiden von den »eigenen vier Wänden«, heute müsste man sagen: »meine eigenen sechs Fenster«, je nachdem, von wie vielen bodentiefen und fast deckenhohen Fenstern diese Wände durchzogen und unterbrochen werden.

Tatsächlich öffnete sich uns das Herz, als wir auf den grafischen Simulationen des Immobilienvermarkters die lichtdurchfluteten Räume und fast schwerelosen Wände sahen, Glas bis zum Boden, das kannten wir sonst nur aus Hochhausszenen in großen Filmen oder aus verschwenderischen Museumsbauten, und plötzlich fanden wir uns selbst als Teil dieser herrlichen Welt. Die theoretische Aussicht auf bodentiefe Fenster gibt einem das Gefühl, ein offenerer, leichterer, hellerer Mensch sein zu können: jemand fast ohne Möbel, dem die Welt eine Bühne ist. Es scheint der Abschied von so einer etwas spießigen Blumentopf- und Fensterbrett-Welt zu sein, wo Menschen diese Blumentöpfe übertrieben pflegen und aufs Fensterbrett gestützt das Treiben in der Nachbarschaft betrachten.

Tatsächlich tauchen bodentiefe Fenster in der populären Wahrnehmung immer wieder in einem ebenso theatralischen wie visionären Kontext auf. Zum Beispiel in Gerhard Schröders *Entscheidungen: Mein Leben in der Politik*. Der umtriebige Ex-Kanzler schreibt über den Moment nach dem Rücktritt von Oskar Lafontaine im Jahr 1999: »Als Joschka wieder draußen war und auch Heye sich verabschiedet hatte, trat ich wie immer, wenn ich eine unübersichtliche Lage zu bedenken hatte, an das bodentiefe Fenster, durch das eine späte Sonne ihre letzten Strahlen schickte. Vorfrühling und ein frühes leichtes Grün im Park des Kanzleramtes.« Bodentiefe Fenster laden offenbar ein zu Pathos und Reflexion. Keine Spur von Blumentöpfen.

Nun wird sich jedoch den meisten Leuten, die in unübersichtlicher Lage an bodentiefe Fenster treten, in den späten Strahlen der letzten Sonne eher moribunder

Rollrasen oder ein Chaos aus Bobbycars, Kinderfahrrädern, Kickboards, Skateboards, Einrädern und Gummistiefeln präsentieren. Denn gerade, wo für Familien gebaut wird, ist bodentief inzwischen Planungsstandard, egal, ob im Wohnungsbau oder bei Eigenheimen: Auch Deutschlands meistverkauftes Wohnhaus »Flair 113« hat bodentiefe Fenster unterm Satteldach.

Auslöser dürfte der Siegeszug der Fußbodenheizung gewesen sein: Seitdem in Neubauten von unten geheizt wird, braucht es die Heizkörper an ihrem traditionellen Platz unterm Fenster nicht mehr, und das Fenster hat Raum, sich bis zum Boden zu strecken. In der Folge haben die Menschen hinter den Fenstern mehr Licht, und die Fassaden sehen nicht so wuchtig und abweisend aus.

Die Planung ist das eine, aber die Bewohner-Realität das andere. Oder, in den Worten von Anne Zuber, Chefredakteurin der Zeitschrift *Häuser*: »Die Realität, das ist der Augenblick, in dem man im Vorbeigehen in den Kühlschrank schaut, sich zwei Scheiben Salami in den Mund schiebt und dabei von Nachbarn aus drei verschiedenen Himmelsrichtungen beobachtet wird.« Zubers Aufforderung zur Gestaltung künftiger Bauvorhaben: »Salamizonen nicht vergessen.«

Erst mal freuen sich jedoch die örtlichen Plissee-Anbieter, denn diese rolloartigen Faltstores, die man innerhalb des Fensterrahmens nach oben und unten verschieben kann, sind ideal, um aus bodentiefen Fenstern wieder solche zu machen, in die man bis zur Bewohnerhüfte nicht reingucken kann. Ohne dabei zu permanent zu wirken wie etwa matte Klebefolien, eine ebenfalls beliebte Lösung, die aber immer die Frage nahelegt: Leute, warum habt ihr bodentiefe Fenster, wenn ihr sie zuklebt?

Ein Spaziergang durchs Neubauviertel zeigt, dass die Menschen einen Teil der bodentiefen Fenster im Laufe der Zeit einfach zustellen. Es sieht merkwürdig aus, die Rückseiten von Möbeln sind kein Fassadenschmuck. Aber was soll man machen, wenn das Kinderzimmer eine Wand mit Tür, eine Wand mit Schrank und zwei Wände mit bodentiefen Fenstern hat?

Wer mit bodentiefen Fenstern wohnt, merkt schnell, dass sie Dinge von einem wollen, die man nicht leisten kann. Die Schriftstellerin Anke Stelling hat einen unterhaltsamen und erhellenden Roman über die Sinnkrise einer Mutter in Prenzlauer Berg geschrieben, natürlich heißt ihr Buch *Bodentiefe Fenster*. Denn, so sinniert darin die Erzählerin: Zwar sehe der Neubau »von außen genau so aus, wie man's heutzutage haben will. Aber die bodentiefen Fenster erschweren, ehrlich gesagt, das Einrichten, zumindest, wenn man nicht schon bei der Grundrisserstellung wusste, wer wo schlafen soll und mit wie vielen Menschen und Möbeln man einzieht. Die Fenster verlangen ein schlüssiges Gesamtkonzept.«

Jeder Umzug, erst recht, wenn man selber baut, scheint einem wie ein Neustart, wie die Möglichkeit, endlich dieses »schlüssige Gesamtkonzept« zu haben, die Hoffnung, das eigene Leben endlich kontrollieren zu können. Aber wenn man drin ist, holen einen die Fenster zurück auf den Boden, bis zu dem sie hinunterreichen. Ja, die Architektinnen und Architekten preisen den Austausch zwischen privatem und öffentlichem Raum in der Wohnanlage, der Designmöbel-Katalog suggeriert, dass minimalistisches Wohnen im Alltag möglich wäre, aber am Ende zeigen einem die bodentiefen Fenster: Alles bleibt immer Improvisation, schlüssig ist gar nichts.

Meine Tochter war gerade geboren, als wir mit ihr in den Neubau zogen. Sie kennt nichts anderes als bodentiefe Fenster. In ihrem Zimmer hat sie drei davon. Jetzt, vor ihrem Geburtstag, gefragt, was sie sich wünscht, antwortet sie: »Ein Fensterbrett.« Wieso das denn? »Wo man so gemütlich drauf sitzen kann. Oder sich abstützen. Mit einem Kissen oder so. Oder was raufstellen.« Wir Eltern fragen, um Zeit zu gewinnen, bevor wir ihr die Unmöglichkeit klarmachen, den Neubau auf Fensterbretter umzurüsten, und sei's in nur einem Zimmer: Raufstellen? Was denn?

»Einen Blumentopf.«

Mir ist klar, dass bodentiefe Fenster ein schönes Problem sind. Es gibt einfach insgesamt viel zu wenige bezahlbare Wohnungen in Deutschland, vor allem in den Großstädten. Das geht jetzt so lange, dass ich eigentlich nur zu dem Schluss kommen kann: Es ist politisch so gewollt. Um Menschen von Orten fernzuhalten, um Menschen einzuschüchtern, um Grausamkeit auszuüben. Mit Abstand am härtesten getroffen von der Wohnungsnot sind jene Menschen, die gar keine Wohnung, gar kein Zimmer mehr haben: rund vierzigtausend in Deutschland. Es gibt eine international erprobte Verfahrensweise, die »housing first« genannt wird und die, einfach gesagt, darauf beruht, dass gegen Obdachlosigkeit erst mal vor allem eins hilft: ein Obdach. Erst mal wohnen, dann kann man sich um einen Job, mentale und körperliche Gesundheit und alles andere kümmern, nicht umgekehrt. Aber »housing first« ist nur möglich, wo es überhaupt Wohnungen gibt. Das heißt, auch die Zehntausenden Obdachlosen in Deutschland sind am Ende nicht Folge individueller Schicksalsschläge oder unvermeidbarer gesellschaftlicher Härten, sondern: politisch gewollt.

Es gehört zu den verblüffenden menschlichen Fähigkeiten, dass mir beides zugleich möglich ist: es mir zu Hause möglichst schön machen zu wollen, ob mit oder ohne Blumentopf, und es unerträglich zu finden, wie wenig alle Regierungen, die ich erlebt habe, gegen die Wohnungsnot getan haben.

RUDERMASCHINE UND ZITTERSPINNE:
DRINNEN GEGEN DRAUSSEN

Wenn ich erzähle, dass ich früher gerudert bin, sehen die Leute mich an, als wüsste ich nicht, was »rudern« bedeutet oder als würde ich von einer früheren Inkarnations-Stufe erzählen (wie wenn esoterisch angehauchte Bekannte behaupten, sie seien im Mittelalter als Heilerin geächtet worden und würden sich deshalb heute so gut im Kräutertee-Angebot von »Alnatura« zurechtfinden).

Es stimmt aber, ich war in einer Rudermannschaft und habe mehrmals die Woche trainiert. Zweimal Berliner Schulmeister im Riemen-Vierer mit Steuermann, Deutscher Vizemeister bei »Jugend trainiert für Olympia« 1985. Es ist nicht angeben, wenn man mit über fünfzig mit seinen sportlichen Leistungen als Teenager prahlt, sondern eine Mischung aus Nostalgie und »Unglaublich, aber wahr«: Wer mich heute sieht, stellt sich eher vor, dass ich beim Rudern gut im Hinsetzen war und dass meine drei Mannschaftskameraden außerordentlich stark und fleißig gewesen sein müssen, um mich mit durchzuschleifen. Meinen Ruderkörper habe ich jedenfalls irgendwann Ende der Achtziger am Kleinen Wannsee zurückgelassen.

Aber es war eine wunderbare Zeit, diese Mischung aus Monotonie und Adrenalin, aus Technik, Konzentration, Anstrengung und den immer gleichen Witzen. Ich mochte das Wasser und die herrliche Illusion von Freiheit, die Weite der Berliner Seen, die vor dreißig Jahren viel größer waren als heute, die Laublandschaften der Uferlinien, die Enten und Haubentaucher, die uns widerwillig Platz machten, und danach die gute Erschöpfung und den Wind in den Haaren auf dem Radweg nach Hause.

An all das dachte ich, als ich hörte, meine Schwägerin habe sich eine Rudermaschine angeschafft und sei begeistert. Ich dachte bisher, Fitnessgeräte für zu Hause würden vom Handel nur an alleinstehende Männer unter dreißig ausgegeben, aber meine Schwägerin ist eine vernünftige und seit Neuestem sehr fitte Frau in meinem Alter, deshalb begriff ich: Auch ich könnte mir eine Rudermaschine zulegen.

Sie steht jetzt im Keller, wo sie nicht im Weg ist. Die alten Bewegungsabläufe waren sofort wieder da. Das beste Gedächtnis hat irgendwann nicht mehr das Hirn, sondern jeder beliebige Muskel. Ich fand es vom ersten Zug an toll, und wenn ich die Augen schließe, ist es fast wie früher: Die Maschine funktioniert so, dass man bei der Ruderbewegung eine Art Quirl in einem Wassertank bewegt, das heißt, sie wird von einem beschaulichen kleinen Plätschern begleitet.

Allerdings: Ich rudere jetzt nicht mehr im Freien, sondern im geschlossenen Raum. Ich wohne beim Rudern. Es ist bizarr. Unser Trainer hat damals immer gesagt, damit wir das Boot in der Balance halten, sollen wir uns beim Zurückrollen vorstellen, wir würden das Boot an unseren Füßen unter uns durchziehen. Vierzig Jahre später ziehe ich beim Rudern meine unterkellerte Wohnung unter mir durch. Und ich frage mich, während ich vor- und zurückrolle und es vor mir rhythmisch plätschert, ob meine Welt in den vergangenen vierzig Jahren wirklich so viel kleiner geworden ist, denn so sieht das auf den ersten Blick aus: von auf dem Wasser unter die Erde. Statt auf die grün-blauen Wellenlinien der Berliner Seenlandschaft schaue ich auf einen in Ungnade gefallenen Vertiko, auf dem überflüssige Spirituosen einstauben (Leute, bringt mir bitte keinen Grappa mehr mit, ich hab genug bis zum Siebzigsten). Damals waren wir eine Mannschaft, heute sitzt jeder für sich auf einem Gerät.

Zwanzig Minuten Sport unter Tage können verdammt lang sein. Aber ich halte durch und denke nach, denn hier unten im Wohnkeller lenkt mich nichts ab, vor allem keine Natur und kein Mensch.

Manchmal frage ich mich, ob ich insgesamt einfach

lieber drinnen bin als draußen. Es gibt Orte auf der Welt, da würde ich das Gegenteil schwören. Das sind ganz gängige Städte und Strände und Seen, ich brauche sie gar nicht aufzuzählen. Es sind vielleicht auch so persönliche Favoriten wie eine Bank am Teltow-Kanal in Berlin-Lichterfelde mit Blick auf das Heizkraftwerk. Aber am Ende habe ich auch einfach sehr viele schöne Dinge in geschlossenen Räumen erlebt, und womöglich sind und waren es die schönsten. Als Kind habe ich oft den Vorwurf gehört, ich wäre ein Stubenhocker, oder die Aufforderung, ich sollte kein Stubenhocker sein. Es schien und scheint mir so ein fieses, polemisches Wort. Zwei eigentlich schöne Dinge, das Zimmer und darin zu sitzen, werden mit den denkbar abfälligsten Begriffen bezeichnet: Stube klingt miefig und beschränkt, hocken klingt gekrümmt und verklemmt. Als Kind hatte ich keine Antwort auf diesen Vorwurf, heute kann ich endlich tun, was ich will: im Zweifelsfall lieber drin sein.

Manchmal sieht man an Wohnhäusern, die offenbar eine gleichgültige Hausverwaltung oder eine sehr menschenfreundliche Eigentümergemeinschaft haben, dass manche Menschen im Haus ihre Balkone mit Fenstern umbaut haben, sodass improvisierte Innenräume entstehen, die eigentlich immer noch Draußenräume sind, Freiräume. Diese selbst gemachten Kompromisse zwischen drinnen und draußen würden in den seltensten Fällen einen Design- oder Fassadenpreis gewinnen, aber für mich sind sie eigentlich die schönste Grenzüberschreitung zwischen drinnen und draußen. So, wie mit Jogginghose ausgehen oder schnell im Bademantel zum Briefkasten huschen oder sich gegen alle Vorschriften ganz, ganz kurz mit der Draußenkleidung aufs Bett legen.

Ich habe schon erzählt, dass wir seit Jahren in einem Neubau wohnen. Eine ganze Weile nach dem Einzug fielen mir die Zitterspinnen an den Decken auf. Das sind diese relativ kleinen, feingliedrigen, geduldigen Spinnen mit den großen, dünnen Netzen. Ihre Anwesenheit bedeutet, dass nicht allzu viele Giftstoffe verbaut wurden. Dies gefiel mir, denn ich bin zwar kein Naturfan, aber Giftstoffe müssen es auch nicht sein.

Vor allem mag ich, dass die Zitterspinne sozusagen eine Abstraktion des Natürlichen ist: Sie ist nicht so aufdringlich präsent wie die Winkelspinne und möchte nicht an meinem Leben teilnehmen wie Mücken oder Stubenfliegen. Wenn sie die Ecke wechselt, entferne ich ihre staubigen Spinnweben, sonst nicht. Es ist wie Gärtnern, nur im Zimmer. Die Zitterspinne möchte nichts von mir, ich erwarte nichts von ihr. Wir sind die vollkommene Zweck-WG.

Die Kinder fragen mit einem Anflug von Spott, ob ich der Spinne einen Namen gegeben hätte. Ich äußere mich nicht zu diesem Sachverhalt. Woher ich überhaupt wüsste, dass es nicht immer eine andere Spinne ist. Ich lächle geduldig. Die weiblichen Zitterspinnen werden drei Jahre alt, mehr als mancher Hamster. Die

Spinne gibt mir das Gefühl, im Einklang mit der Natur und ihren Geschöpfen zu leben. Sie existiert und wartet und frisst und wartet und existiert, es ist inspirierend, das mitanzusehen. Falls ich anfange, an Wiedergeburt zu glauben, lasst es bitte eine Zitterspinne sein.

Inzwischen benutzt nur meine Frau die Rudermaschine jeden Tag, seit Jahren, ich bin ein bisschen davon abgekommen, oder sehr, wie von vielem, was mir erwiesenermaßen guttäte. Es gibt eine Anzeige, da steht, dass wir, außer die Batterie war zwischendurch leer, insgesamt achttausend Kilometer gerudert sind. Bestimmt siebentausendfünfhundert davon meine Frau. Einmal von Hamburg nach New York, mit einer großzügigen Runde um die Britischen Inseln. Eine Atlantiküberquerung im Keller. Es klingt absurd, aber es hat unser aller Leben so verbessert. Meine Frau rudert immer morgens, kurz nach dem Frühstück, wenn ich noch etwas ratlos vor meinem leeren Kaffeebecher sitze und die Kinder sich für die Schule und die Uni fertig machen. Meine Frau hört Musik mit ihren Airpods, und wir erkennen, welcher Song ihrer Playlist gerade dran ist, an ihrem Pfeifen oder an den Silben und Wörtern, die sie hier und da mitsingt. Es ist der Soundtrack meines Lebens und Wohnens geworden: swusch – my heart is – swusch – a ghosttown – swusch. Manchmal halten die Kinder und ich inne und können es, glaube ich, gar nicht fassen, wie lustig das ist und wie sehr wir sie lieben.

Den Weg nach draußen habe ich über die Rudermaschine im Keller nicht gefunden, wie ich ein paar Absätze zuvor noch gehofft hatte. Ich finde keine passenden Seen in Hamburg. Mir ist durch die Maschine aber klar geworden, wie viele überraschende und schöne Dinge man auch im Drinnen erleben kann.

RUHE IM KARTON:
HEIMAT UND GEMÜTLICHKEIT

In mancherlei Hinsicht kann und muss man von Kindern lernen, wie man wohnt. Zum Beispiel, wenn es um das Thema Gemütlichkeit geht.

Seit ein paar Jahren beobachte ich mit wachsendem Widerwillen, wie Gemütlichkeit als Lebenseinstellung vermarktet wird, von der Lifestyle-Industrie und von der Politik. Zum einen gab und gibt es diesen ganzen in sanften Erdtönen ausgeleuchteten Zirkus um die skandinavische Hygge, also diese bestimmte Art der Behaglichkeit, für die man handgeknüpfte Wolldecken, hochflorige Teppiche, Zitronengrasingwertee mit anhängenden Lebensweisheiten, Scones mit selbst gemachter Blaubeermarmelade braucht, ein gepflegtes Sammelsurium aus Behaglichkeits-Accessoires. Zum anderen ist plötzlich der an und für sich behagliche Begriff Heimat wieder eine politische Kategorie, über die gestritten und nach der ganze Ministerien benannt werden.

Da merkt man dann schon, dass zwischen urgemütlich und ungemütlich nur eine ganz schmale Grenze liegt, nicht mal ein halber Buchstabe: Das Gefühl, sich an einen vertrauten Ort zurückziehen und es dort schön haben zu können, ist inzwischen vergiftet dadurch, dass es entweder Teil eines Vermarktungskonzeptes für Wohnzubehör ist oder Teil eines Politikkonzeptes, das Menschen ausgrenzt, die eine andere Heimat haben oder gar keine. Und denen man es deshalb möglichst ungemütlich machen will.

Ich betrachte mich als Experten für Gemütlichkeit. Erstens habe ich, als ich selber Kind war, gewissermaßen die Gemütlichkeit erfunden, jedenfalls für mich und als Lebensthema, daher möchte ich hier die Gemütlichkeit unbedingt verteidigen gegen alle, die damit Geld oder Wählerstimmen verdienen wollen. Die Familienlegende besagt, dass zu meinen frühesten Äußerungen die Formulierung bzw. die Forderung »mütlich machen« gehörte, worunter ich verstand, mir irgendwo aus einer Wolldecke und Kissen eine Höhle zu bauen, dort unter wenig Sauerstoffzufuhr Kekse zu essen und Vicky Leandros zu hören. Wie die Wolldecke aussah, war mir dabei völlig egal, und bei den Keksen war und bin ich auch nicht sehr wählerisch.

Dies ist eines der Grundprinzipien der Gemütlichkeit von und mit Kindern: Nicht das Womit ist entscheidend, sondern das Wann, Wo und Wie. Die Antworten auf diese drei Fragen zur Gemütlichkeit sind: Immer, aber natürlich am liebsten im Winter, überall, solange es zu Hause ist, und, ja, wie? Rücksichtslos. Bis meine Tochter etwa sechs war, hatte sie einen Lieblingsort zum Gemütlichmachen, der entstand, wenn man zwei Küchenschranktüren öffnete und die Schubladen darüber herauszog, sodass eine Art kleines, keinen Meter hohes Haus entstand, von dem man einen sehr guten Blick auf zusammengewürfelte Tupperdosen hatte. Am besten war es, wenn ich es mir dort mit ihr gemütlich machte, wenn auch vielleicht nicht am besten im orthopädischen Sinne. Aber wenn man es sich mit Kindern gemütlich macht, dann so, dass man den unwirtlichen Teilen des Alltags eine Höhle oder Insel abringt und indem man das Bekannte herrlich neu und unvertraut macht: Teetrinken auf Treppenstufen, ein ausrangiertes Sofa im Heizungskeller.

Als Erwachsener bleibt einem von dieser Improvisationslust nur das legendäre Frühstück im Bett, das auf genau die gleiche Weise scheinbar unpassende Dinge (Brötchenkrümel und heißen Kaffee im weichen, weißen Bettzeug) miteinander so vereint, dass etwas Überraschendes und ganz besonders Schönes entsteht.

Die andere Art der Kindergemütlichkeit ist weniger ungestylt als vielmehr völlig uncool: In meiner Erfahrung lieben die Kinder eine übertrieben konventionelle, fast steife Art von Gemütlichkeitsinszenierung. Meine Tochter und ich freuen uns im Grunde den ganzen Sommer darauf, Winter und Weihnachten gewissermaßen spielen zu können wie ein Theaterstück (meine Frau und mein Sohn haben nicht ganz so viel Sinn dafür). Hierfür brauchen wir durchaus Utensilien, aber sie unterscheiden sich vom gängigen Hygge-Klimbim dadurch, dass sie immer dieselben und noch bei Kerzenlichte betrachtet recht hässlich sind: der Kram und die Deko in der »Weihnachtskiste« aus dem Keller. Mit deren Inhalt sitzen wir am Tisch, trinken Zimttee, essen die passenden Kekse und hören ziemlich schreckliche Weihnachtsmusik, einfach, weil das alles dazugehört. Womit wir weg von der Hygge oder dem Lagom sind (wo statt Übermaß und Kitsch das richtige Maß und der gute Geschmack eine wichtige Rolle spielen) und näher an der politischen Vorstellung von Heimat und Gemütlichkeit: Das wurde schon immer so gemacht, das gehört sich so. Mit dem wichtigen Unterschied, dass wir wissen: Es ist nur eine Inszenierung, und gerade deshalb genießen wir es.

Tatsächlich ist es mit Kindern von Anfang an viel gemütlicher gewesen, als ich je gedacht hätte: wie die Babys an jedem Ort, der ihnen passte, auf einem einschlafen, wie der Softball auf dem Kinderzimmerboden der gemütlichste Ort der Welt sein kann, wenn man mit dem Kopf darauf beim Gutenachtsingen einschläft; wie jeder ICE-Sitz und jeder Wartezimmerstuhl zu einem warmen, leicht schwitzigen Kuschelbereich wird. Ganz zu schweigen davon, wenn man plötzlich einen großen Pappkarton hat. Er ist und bleibt in meiner Vorstellung das Hauptutensil der Kinder-Gemütlichkeit. Noch heute bedauere ich, wenn ich ein Möbel in einer perfekten Pappverpackung bekomme, dass die Kinder inzwischen zu groß sind, um es sich mit ihnen darin gemütlich zu machen, und ganz kurz überlege ich dann, es allein zu tun.

KIPP IST NICHT GENUG:
EIN PLÄDOYER FÜR DIE STOSSLÜFTUNG

Wenn jemand im Internet sehr viel und aggressiv Unsinn schreibt, hört man seit einiger Zeit den Hinweis, die Person möge doch bitte mal »das Fenster auf Kipp machen«. Es ist allgemein anerkannt, dass frische Luft besser ist als verbrauchte, dass man bei frischer Luft also klarer denken kann. So gut wie niemand gibt sich als Freund schlechter Luft zu erkennen.* Die Feinde der Frischluft tun so, als würden sie sich und andere beschützen wollen: gegen Zugluft, Straßenlärm,

---

* Mit vielleicht einer einzigen halbwegs verbürgten historischen Ausnahme: Man sagt, dass der englische Schriftsteller George Orwell sich so sehr gegen das Lüften seiner Schreibstube auf der Insel Jura wehrte, dass seine Schwester meinte, sein Zimmer sei »sakrostinkt«. So, als könne er sein Werk nur in einer ganz bestimmten Abluftmischung aus türkischem Tabak, abgetragenem Tweed und schottischem Torfofen schreiben; kein Wunder, dass es sich dabei um *1984* handelte, sein düsterstes Buch.

Energieverschwendung und vor allem Kälte. Wenn man ein Fenster aufmachen möchte, protestieren sie mit ihrem klassischen Spruch: »Es sind schon viele erfroren, aber es ist noch keiner erstunken!«

Das stimmt nicht so ganz. Wir erstinken beim Wohnen und Arbeiten nämlich langsam und merken es nicht. Wir müssen mehr lüften, und zwar nicht nur auf Kipp. Die Großmutter pflegte zu sagen: »Off'nes Fenster Tag und Nacht, hat manchem schon viel Heil gebracht.« Inzwischen heißt es: Das ist hier energieeffizient gebaut, lass mal die Fenster zu, ich heiz doch nicht den Vorgarten.

Weil immer luftdichter gebaut wird, sitzen wir in immer schlechterer Luft. Eine Studie des Schornsteinfegerhandwerks ergab vor einigen Jahren, dass ein Viertel bis ein Drittel aller deutschen Wohnungen schon einmal Feuchtigkeitsprobleme hatte. Feuchtigkeit verursacht Schimmel, beides sind Anzeichen schlechter Luft, also schlechten Lüftens. Ich bin so sehr an guter Luft interessiert, dass ich beim Umweltbundesamt in Berlin angerufen habe, um mir die Problematik erklären zu lassen. »In der Tat wird heute zu wenig gelüftet«, sagt der Ingenieur Heinz-Jörn Moriske von dieser Behörde, den ich zu diesem Thema interviewt habe: »Gerade auch von Bewohnern in energetisch sanierten Gebäuden oder in neuen energieeffizienten Häusern, die dichte Fenster haben. Früher hatte man durch Undichtigkeiten der Fenster oder der Bauweise immer einen gewissen Lüftungseffekt, die sogenannte Fugenlüftung. Das wollen wir natürlich nicht mehr, aber hygienisch hatte es Vorteile.« Seitdem 2002 die deutsche Energieeinsparverordnung in Kraft getreten und immer wieder verschärft worden ist, ist der Heizbedarf zwar gesunken, aber wir sitzen dafür im Mief.

Mief ist eine wilde Mischung. Das, was wir als »dicke Luft« wahrnehmen, besteht zum Teil aus Feuchtigkeit. Ein Vier-Personen-Haushalt gibt am Tag statistisch gesehen zehn bis vierzehn Liter verdunstetes oder verdampftes Wasser an die Raumluft ab. Ein einzelner Mensch, der einfach nur wohnt, dünstet innerhalb von acht Stunden zwischen einem Viertelliter und anderthalb Litern Flüssigkeit aus. Hinzu kommt das Kohlendioxid, das wir ausatmen. »Kohlendioxid können Sie nicht sehen und nicht riechen«, sagt mir der Experte vom Umweltbundesamt, »aber Sie merken die steigende Konzentration daran, dass Ihre eigene Konzentration nachlässt.«

Am unangenehmsten schließlich ist die dritte Komponente des Miefs. Nicht alter Hund oder Lord Extra, sondern: »Vielen ist gar nicht bewusst, welche Schadstoffanreicherung in der Raumluft durch mangelndes Lüften entstehen kann«, sagt der Ingenieur. »Die Emissionen aus Baumaterialien und Möbeln sind heute in luftdichten Gebäuden viel gravierender als früher in

Wohnungen mit Fugenundichte.« Wenn Leute ihn im Umweltbundesamt anrufen und darüber klagen, dass sie nicht lüften können, weil sie an einer verkehrsreichen Straße wohnen und um ihre Gesundheit fürchten, sagt Moriske ihnen: »Lüften Sie trotzdem, denn das, was sich in Ihrer Wohnung an Schadstoffen sammelt, wenn Sie nicht lüften, ist sehr viel gefährlicher als das, was von der Hauptverkehrsstraße in Ihr Zimmer kommt, wenn Sie zehn Minuten am Tag lüften.«

Lasst uns also lüften. Aber wie? Einigen wir uns erst mal darauf, dass wir, wie die Fachleute sagen, über »freie Lüftung« reden. Das klingt schön und ein bisschen salbungsvoll, als hätte ein Bundespräsident den Ausdruck geprägt. Freie Lüftung heißt: ohne Hilfsenergie, auf natürliche Weise. Indem die miese Raumluft entweder durch Winddruck oder Temperaturunterschied mit der frischen Außenluft getauscht wird. Fenster kippen reicht nicht, das schafft nichts weg, das ist wirklich nur Vorgartenheizen. Weil nämlich die schräg nach oben entweichende warme Luft eine Barriere bildet und die frische Luft nicht reinlässt. Das Nonplusultra in der Welt des Lüftens ist und bleibt die Stoßlüftung. Also: mindestens zweimal am Tag für zehn Minuten die Fenster sperrangelweit aufmachen. Und wenn es geht, in der ganzen Wohnung zugleich, und die Innentüren auch geöffnet, damit es zur Querlüftung kommen kann, die ist sozusagen das Upgrade der Stoßlüftung.

Ach ja, und je wärmer es draußen wird, desto länger muss man stoßlüften, weil der Luftaustausch umso länger braucht, je geringer der Temperaturunterschied zwischen drinnen und draußen ist.

Niemand hat gesagt, dass es leicht sein würde.

Aber es ist wunderbar. Das eine ist die Qualität der frischen Luft an sich. Über frische Luft gibt es ja viele Scherze, weil Luft so was Simples und an sich leicht Verfügbares ist: Der Schotte bietet im Witz seinem Besuch eine Erfrischung an und öffnet dann das Fenster, oder die alte Spinnfrage, wie Luft heißen würde, wenn Ikea sie verkaufte. Dieses wichtige, aber scheinbar so banale Zeug wird aber zum Beispiel in der Medizin außerordentlich ernst genommen: Der *New Scientist* schrieb schon 2013, dass bestimmte Stoffe in der Frischluft Bakterien zerstören und Lüften deshalb möglicherweise eine entscheidende Rolle in der Bewältigung der Antibiotika-Krise spielen kann. Gegen Medikamente werden Bakterien resistent, aber nicht gegen frische Luft. Die Münchner Architektin Christine Nickl-Weller, eine ausgewiesene Pionierin der »heilenden Architektur«, die auf der ganzen Welt zeitgemäße Krankenhäuser baut, sagt etwas Schönes und Wahres, als ich sie zum Thema Lüften befrage: »Die Entwicklung geht dahin, normale Bettenzimmer wieder mit Fenstern zu bauen, die man öffnen kann. Und zwar nicht unbedingt, weil man's braucht: Man kann Frischluft auch auf technischem Wege zirkulieren lassen. Aber man baut wieder

Fenster, die sich öffnen lassen, weil der psychologische Effekt groß ist: Der Mensch will lüften, der Mensch will das Gefühl haben, ein Fenster aufmachen zu können.«

Auch die ganz normale Stoßlüftung zu Hause zwischen Frühstückstischabräumen und Schlüsselsuchen hat diesen wunderbaren psychologischen Effekt, finde ich.

Zweimal am Tag stehst du plötzlich mitten in der hereinbrandenden Außenwelt. Du merkst geradezu, wie die alte Luft der letzten Nacht an dir vorbeidrängt, diese Luft wirkt träge und massiv, und mit ihr zieht aller möglicher anderer Mief nach draußen, gen Himmel: verbrauchte Gedanken, sinnloser Zank, diese leichte bis mittlere Niedergeschlagenheit, die man manchmal, wenn zu lange die Fenster geschlossen waren, anfängt, mit dem Leben zu verwechseln. Gegen diese Niedergeschlagenheit schrieb Johann Wolfgang von Goethe vor zweihundert Jahren im *West-östlichen Divan*: »Im Atemholen sind zweierlei Gnaden: / Die Luft einziehen, sich ihrer entladen; / jenes bedrängt, dieses erfrischt; / so wunderbar ist das Leben gemischt. / Du danke Gott, wenn er dich presst, / und dank ihm, wenn er dich wieder entlässt!«

Lüften ist sozusagen das Ausatmen der Wohnung, das wahrhaft Erfrischende, und wunderbar gemischt ist das Leben nur, wenn du lüftest. Und dann schließt du die Fenster, und dein Leben fühlt sich so neu an wie die

Luft in der Wohnung, und du bist gewappnet für die Außenwelt, weil sie für einen Moment eins ist mit der Innenwelt deiner Wohnung.

DIESE MATRATZE SPRÜHT KEINE FUNKEN MEHR:
BALLAST ABWERFEN

Im Keller ist ein Schuhregal. Wobei, Schuhregal klingt sinnvoll und geordnet, extra für Schuhe. Es ist aber ehrlich gesagt einfach irgendein Regal, das überquillt von ollen Botten. Niemand von uns ist besonders besessen von Schuhen, aber wir leben seit über zwanzig Jahren zusammen und haben zwei Kinder mit ausgewachsenen Füßen. Deshalb sind in diesem Regal zweitausend Schuhe, wobei, das kann nicht sein, ich bin sicher, es handelt sich um eine ungerade Anzahl.

Gern möchte ich einige wegwerfen, am liebsten paarweise. Damit das Regal nicht bricht. Und: Wir brauchen fast keine dieser Schuhe mehr. Klar, die Wanderschuhe, die sich ein Mal alle ein bis zwei Jahre in Mittelgebirgsausläufern verirren dürfen; die alten Gummistiefel der Kinder, die mich viel zu schön an Pfützentreten und Kastaniensammeln erinnern, um sie wegzuschmeißen. Aber den überwiegenden Rest hat seit ewigen Zeiten kein Fuß mehr von innen gesehen. Ich möchte sie putzen, zusammenbinden und spenden. Oder sie sind so alt, dass ich mich frage, warum sie überhaupt hier stehen, beziehungsweise eben: quellen, aus dem Regal. Ich habe eine Lebenshälfte lang Dinge angesammelt, die ich in der zweiten als Ballast abwerfen möchte. Schuhe, die niemand trägt, sind Ballast.

Meine Frau ist übers Wochenende nicht da, tatendurstig stehe ich mit einem Plastiksack vor dem Schuhregal. Es sind etwa genauso viele von mir darin wie von ihr. Die von ihr sind schöner und weniger abgetragen. Meine gehören fast alle in die Kategorie: Wer weiß, ob ich nicht mal beim Renovieren oder bei einem Verbrechen ganz alte Schuhe brauche. Die meiner Frau sind eher aus der Kategorie: Oh, was in diesen Schuhen alles möglich wäre. Es sind Schuhe für Feiern und Urlaube und Auftritte, die sich noch wiederholen sollen. Meine Schuhe sind alle Vergangenheitsschuhe, aber die meiner Frau sind Zukunftsschuhe, selbst wenn sie zwanzig Jahre alt sind. Ich kann sie nicht wegwerfen, es sind persönliche Gegenstände: Mit jedem Paar Schuhe verbindet sich eine Vision von uns selbst, die wir mal hatten oder noch haben, ein Plan, eine Idee. Überhaupt, denke ich vor dem Schuhregal, Schuhe sind so grundsätzlich, so elementar: Schuhe sind unsere Schnittstelle zur Welt. Sie sind die Vermittler zwischen der Schwerkraft und uns, sie halten uns auf der Erde und tragen uns zugleich davon, sie …

Ich reibe mir die Stirn. Ich philosophiere, um Zeit zu gewinnen. Probeweise ziehe ich ein Paar hellbraune, aber unansehnliche Wildlederschuhe aus dem Regal, die ich auf unserer ersten großen Reise gekauft habe. Ich ziehe sie an, und im ersten Moment fühle ich mich leicht und voller Aufbruchstimmung wie 1999. Nach einigen Schritten merke ich, wie das verfliegt, weil die eine Sohle gebrochen ist. Endlich kann ich mich verabschieden. Die Schuhe, in denen ich meinen ersten Halbmarathon gelaufen bin, geben mir beim Schnüren dieses entschlossene, ängstlich gespannte Sportgefühl wie 2009, aber sie sind längst steinhart geworden. Weg. Ich probiere ein absurdes Paar italienische Lederslipper, die ich mal ohne Socken zu einer Sommerhochzeit anziehen wollte, 2005, aber dann waren sie nach fünf Minuten zu eng, und offenbar dachte ich damals, meine Füße würden schrumpfen im Laufe der Jahre. Dies ist nicht eingetreten. Aber dieses Gefühl, in Slippern wäre ich ein anderer Mann, ist ganz kurz wieder da. Nach drei Schritten fühle ich mich wie Aschenbrödels Stiefbruder. Weg.

Es ist gut, dass ich allein bin vor dem Schuhregal. Jedes Paar probiere ich noch mal an. Alte Schuhe sind wie Zeitmaschinen, für ein paar Schritte. Aber sie führen mich immer nur in die falsche Richtung, immer zurück, nie nach vorn, darum bin ich froh, als am Ende doch acht oder neun Paare im Sack sind. Man sieht es dem Regal zwar nicht an. Aber ich spüre den Unterschied.

Dieses Anprobieren der Schuhe: Habe ich dabei eigentlich an Marie Kondō gedacht? Ich habe mehrere Freundinnen, die die Bücher dieser japanischen Aufräumkünstlerin zur Beruhigung lesen oder hören. Bei mir hat Marie Kondō eine Zeit lang eher das Gegenteil verursacht: Unruhe und Unbehagen. Das zentrale Gebot ihrer Philosophie ist, nur Dinge zu behalten, die Freude in einem auslösen, Dinge also in die Hand zu nehmen und sich zu fragen: Löst es Freude aus? Does it spark joy? Dies erschien mir überhöht und vielleicht sogar, auf etwas puritanische und überpolitische Weise, ungehörig: Wie können wir uns erlauben, an die Wegwerfgegenstände der Konsumgesellschaft auch noch den Anspruch zu erheben, sie sollten Freudenfunken versprühen? Vor allem, wenn es sich dabei aller Wahrscheinlichkeit nach um Kleidungsstücke oder anderen Plunder aus Fabriken in industriellen Sonderzonen ohne Rechte für die Arbeiterinnen und Arbeiter handelt?

Mittlerweile verstehe ich Marie Kondō eher so, dass man zum einen genau Wegwerfgegenstände im Zweifelsfall wegwerfen und am besten, wo man es sich leisten kann, gar nicht anschaffen sollte. Und dass man zum anderen aber durchaus das Recht darauf hat, Freude zu empfinden angesichts der Dinge, mit denen man sich umgibt beziehungsweise mit denen man seine Schubladen und Schränke vollstopft. Ich neige eher dazu, mir preiswerte und praktische Dinge anzuschaffen, und davon dann zu viele (siehe Werkzeug). Es wäre schön, stattdessen weniger Dinge mit mehr Freude zu besitzen. Ich versuche, mich hin und wieder daran zu erinnern.

Aus der Fernsehserie von Marie Kondō sind mir zwei andere Aspekte in Erinnerung geblieben. Erstens, wie sie am Anfang mit den Leuten, bei denen es auszumisten gilt, immer erst mal dem Haus oder der Wohnung dankt. Dafür, was die Wohnung alles tut. Ich rufe eh manchmal scherzhaft »Tschüss, Wohnung!« oder »Hallo, Haus!«, wenn wir abreisen oder wiederkommen, warum also nicht mal »Danke!«, zur Abwechslung. Zweitens ist mir ihr Ausruf »I love mess!« in Erinnerung, beim Anblick von niederschmetterndem Chaos. Ich werde nie an den Punkt kommen, Unordnung zu lieben, aber ich sehe ein, dass es sich leichter aufräumt, wenn ich die Unordnung als Herausforderung betrachte und nicht als Zeichen einer Reihe von Niederlagen, die es zu vertuschen gilt.

Nur, die Dinge so leichtherzig wegwerfen, das kann ich immer noch nicht. Meine Mutter hat ungefähr in meinem Alter angefangen, Dinge rigoros wegzuwerfen, und zwar im Grunde auch auf der Grundlage von »Does it spark joy?«, nämlich mit der Ansage, sie wolle »Ballast abwerfen«. Also alles loswerden, was sie beschwert und zurückhält. Ich glaube, sie wollte am Ende so leicht werden, dass sie hätte wegfliegen können. Mich erden die Dinge aber auch, und ob Ballast mich jetzt stabilisiert oder niederdrückt, kann ich ganz schwer entscheiden.

Vorigen Monat dann habe ich den ältesten und teuersten Gegenstand, den wir besitzen, weggeschmissen. Ich hatte es lange vor mir hergeschoben, aus Sentimentalität, wie bei den Kindergummistiefeln, vielleicht aber auch aus Bequemlichkeit. Es handelt sich um eine zwei mal eins sechzig Meter große, vierzig Zentimeter tiefe Matratze aus Kaltschaum oder Kautschuk oder beidem, ich habe es vergessen.

Die Matratze schaffte ich an, bevor meine Frau und ich zusammenzogen. Wir wohnten noch in getrennten Wohnungen, und sie wollte nicht mehr auf meinem Futon schlafen. Verständlich, hatte ich doch etwa zehn Jahre versäumt, ihn zu rollen und zu klopfen. Wir wussten damals bereits, dass wir in absehbarer Zeit zusammenziehen würden, daher war die neue Matratze eine Investition in die Zukunft. Wir gingen in ein Fachgeschäft und lagen probe wie ein älteres Ehepaar in einem Loriot-Sketch und freuten uns darauf, genau so eines zu werden.

Das war im Jahr 2000. In den Medien ging es um Hannover (?), wo eine Expo (?) stattfinden sollte, und um Friedrich Merz, der nicht CDU-Vorsitzender war, aber damals schon eine deutsche Leitkultur erfinden wollte. Da wir noch keine Kinder und keine Hobbys hatten, gab ich für die Matratze weit über tausend Mark aus. Tausend Mark fühlten sich an wie heute zweitausend Euro.

Die Matratze war unglaublich bequem, sie merkte sich unsere Körperform, unsere Schlafhaltung, unsere Träume. Die Matratze ist in zwei Wohnungen mit uns umgezogen, und innerhalb der zweiten Wohnung nacheinander in drei verschiedene Zimmer. Seit vielen Jahren schläft meine Tochter darauf, von ihr stammt auch die Mitteilung, man sollte eine Matratze alle acht bis zehn Jahre austauschen. Dies war uns vage bewusst, aber erstens hatten wir die Matratze wegen Allergien recht früh milbendicht verpackt und so ihren Verfall verlangsamt, zweitens, mein Gott, man schmeißt doch nicht einfach zweitausend Euro weg.

Zumal von Schmeißen keine Rede sein konnte. Die Matratze war träge und schwerfällig wie ein Wackelpudding aus Blei. Sie zu zweit zu wenden erforderte längere Vorgespräche im Familienkreis und anschließend Versöhnungsangebote. Je älter wir wurden, desto unpraktischer wurde die Matratze. Und, nun ja, vielleicht ist »acht bis zehn Jahre« eine Erfindung von Big Matratze, aber dreiundzwanzig Jahre ist sicher beim besten Willen zu lang. Angesichts dieser Tatsache wurde mir die Matratze immer mehr zu einem kubikmetergroßen Schaumklotz am Bein.

Je näher der Tag ihrer Entsorgung rückte, desto melancholischer drohte ich zu werden: Nun hatte dieses

Stück unbeweglicher Antimaterie mich also fast mein ganzes Erwachsenenleben begleitet. Und sie war doch weich und fest wie am ersten Tag. Aber meine Tochter war unerbittlich: Sie brauchte ein kleineres Bett, eine kleinere Matratze, und meine Frau und ich schliefen längst in einem Bett mit mit zwei getrennten Matratzen, angeblich, weil ich mich nachts bewege.

Mit aller Kraft rollte ich die Matratze notdürftig auf, fixierte sie mit Panzerband und wuchtete sie die Treppe hinunter, ins Auto. Dies dauerte etwa eine Stunde, während der ich sie hassen lernte.

Drei Mitarbeiter des Recyclinghofes beobachteten interessiert, wie ich die Matratze mit Händen und Füßen und Klauen und Zähnen aus dem Kofferraum und über die Brüstung zum Sperrmüllcontainer 5 wuchtete. Dort bouncte sie noch unverschämt lange herum und ragte am Ende heraus wie ein verbundener Daumen. Ich machte noch ein Foto für die Familiengruppe und wandte mich ab. Wie lange Matratzen wirklich halten, weiß ich immer noch nicht. Aber alle acht bis zehn Jahre ein sperriges Ding aus der Wohnvergangenheit loszulassen, fühlt sich sehr gut an.

NACHTZUG NACH PARIS:
MITBEWOHNERINNEN UND MITBEWOHNER

Früher gab es vom Bahnhof Zoologischer Garten im Berliner Stadtteil Charlottenburg einen preiswerten Nachtzug direkt nach Paris. Der Zug fuhr ungefähr um acht Uhr abends los und war morgens um acht in Paris, am Gare du Nord. Es war ein sehr romantisches Erlebnis, mit diesem Zug zu fahren. Ich habe es dreimal in meinem Leben gemacht, und das dritte Mal spontan, fast fieberhaft. Also: Von Entscheidung über Fahrkartenkauf am Schalter bis zur Abfahrt des Zuges vergingen vielleicht drei bis vier Stunden. Mit einer Frau, in die ich mich etwa drei bis vier Stunden zuvor verliebt hatte.

Wenn man am Gare du Nord ankam, war man quasi schon am Montmartre, man konnte in kaum zwanzig Minuten vom Bahnhof zu den Treppen von Sacré-Cœur laufen (heute sind es laut Google Maps zweiundzwanzig Minuten, wir werden alle nicht jünger).

Da saßen wir dann, morgens um halb neun vor knapp dreißig Jahren, so frisch verliebt, dass wir glitzerten, und tranken in der Sommermorgensonne Kaffee, die dunkelroten Kunststoffsitzplätze aus den alten Abteilwagen des Nachtzuges noch in den Knochen, glücklich, geradezu *heureuses*.

Und all dies nur, weil ich wenige Jahre zuvor unter Vorspiegelung falscher Tatsachen mit meinem ältesten Freund in eine Wohnung gezogen war, deren Vormieter von einer Person ermordet worden war, die nie gefasst wurde. All das passiert einem nur, wenn man mit jemandem zusammenzieht. Sobald man einen Mitbewohner, eine Mitbewohnerin oder mehrere davon hat, lässt man das Drama in sein Leben. Manchmal ist es etwas zu viel. Selten ist es zu wenig. Für mich war es, mit drei Tagen in Paris und einer vierjährigen Fernbeziehung als Ergebnis, genau die richtige Menge an Drama. Und das eben nur, weil ich mich nach meiner Ausbildung entschieden hatte, nicht allein, nicht mit meiner Freundin, sondern mit meinem Schulfreund zusammenzuwohnen.

Es war unmittelbar nach dem Mauerfall, im Frühjahr vor der Wiedervereinigung, und mein Freund Patrick und ich waren nicht abenteuerlustig genug, um im Ostteil von Berlin eine Wohnung zu besetzen oder in Kreuzberg mit Etagenklo zu wohnen. Es herrschte damals, vor gut vierzig Jahren, eine extreme Wohnungsnot in

Berlin, aber die Politik versprach, dies in den kommenden Jahrzehnten zu ändern (nach meinem Kenntnisstand hat das nicht stattgefunden). Wir hätten uns als Studierende einzeln für Wohnberechtigungsscheine qualifizieren und bezuschusste Ein-Zimmer-Wohnungen mieten können, aber wir wollten ja Mitbewohner werden, wenn auch eben nicht in einem Raum. Berechtigungsscheine für Zwei-Zimmer-Wohnungen gab es nur für Ehepaare oder Familien, zum Beispiel Geschwister. Also gab ich mich auf den Formularen als Patricks Bruder aus. Wir waren überrascht, als wir nach kurzer Wartezeit ein Wohnungsangebot nur etwa eine Viertelstunde von der Uni entfernt bekamen. Was hatten wir für ein Glück! Warum ging das so schnell?

Weil, ich habe es schon gesagt, der Vormieter in der Wohnung getötet worden war, im Parterre, an seiner Wohnungstür. Er hatte dem Täter die Tür geöffnet, der Täter war unerkannt durchs Küchenfenster entkommen. Als wir, zwei nichts ahnende Brüder verschiedener Mütter, die sich kein bisschen ähnlich sahen, die recht dunkle Parterrewohnung besichtigten, waren noch Spuren des Verbrechens zu sehen.

Niemals hätte ich diese Wohnung allein gemietet, und niemals wäre ich allein auf die Idee gekommen, mich für jemand anderen auszugeben. Mein Freund Patrick allein ganz bestimmt auch nicht. Aber seit wir einander Mitbewohner waren, war irgendwie alles möglich, oder zumindest doppelt so viel wie zuvor.

Später habe ich dann noch mit anderen Menschen zusammengewohnt. Richtige Mitbewohner in dem Sinne, dass ich ein Zimmer in einer Wohnung fand, wo schon zwei andere Männer wohnten, die ich nicht kannte und die mich nicht kannten und die beide auch nur zusammengewürfelt waren. Nach wenigen Wochen kam noch die Schwester des einen Mitbewohners dazu und machte mich unglaublich betrunken in einer Bar in New Orleans, wo auch die WG war. Wenn man allein wohnt, ist immer nur so viel möglich, wie einem allein möglich ist oder als Paar oder mehr oder weniger kleine Familie. Mitbewohner aber eröffnen einem ganz neue Möglichkeiten, natürlich ohne sich dieser Rolle bewusst zu sein, die man selber für sie zugleich auch spielt.

Zwar kannte ich meinen Freund Patrick schon aus der Schule, aber da waren wir ja Kinder gewesen, ohne Verantwortung, ohne dass unser Handeln wirkliche Konsequenzen gehabt hätte. Jetzt probierten wir aus, wie Erwachsensein ging, machten einander Mut in der Wohnung, die wir nicht als Mord- und Todeswohnung begreifen, sondern mit neuem Leben füllen wollten. Einmal sind wir mitten in der Nacht aufgebrochen, um mit Patricks Ente nach Italien zu fahren. Auch auf diese Idee wäre ich allein nie gekommen, und ich allein hätte auch gar keine Ente vor der Tür gehabt.

Ein anderes Mal hatte ich abends überhaupt keine Lust, auf eine Party zu gehen, auf die ich aber gehen musste, weil sie mit meinem Job als studentische Hilfskraft im Akademischen Auslandsamt zusammenhing. Es war eine Feier für die neu eingetroffenen Austauschstudierenden aus den USA. Ich hatte alle in den letzten Wochen schon ein bisschen kennengelernt, die meisten waren ganz nett, aber manchmal* ist es einfach wirklich am schönsten, nicht noch mal rauszumüssen. Vor allem im Dezember in Berlin.

Um mich wenigstens nicht allein überwinden zu müssen, fragte ich Patrick, ob er nicht mitkommen wolle. Er lachte und sagte, nein, er hätte sich ein frisches Brot und ein Glas Nutella gekauft und zwei Videos ausgeliehen und würde sich wirklich auf einen ruhigen Abend freuen. Ich wollte ihn nun erst recht unbedingt dabeihaben, weil der Gedanke, dass ich mich durch die Kälte nach Tempelhof quälte, während er sich Nutella-Brote machte und *Joe gegen den Vulkan* schaute, mir schier unerträglich war. Man ist ja auch kleinlich in der Mitbewohnerschaft, man lebt nicht nur seine guten Eigenschaften aus in der WG.

Das sei sehr schade, improvisierte ich, denn zu der Party käme eine amerikanische Studentin, die sehr nett sei und die ich ihm eigentlich gern vorgestellt hätte (ich weiß nicht mehr, ob das der genaue Wortlaut war, also, ob wir damals wirklich wie im bürgerlichen Roman des ausgehenden Biedermeiers redeten).

* Oft.

Nun wurde er hellhörig, denn wir waren beide seit kurzem Singles. Er ließ Nutella-Brote und VHS-Kassetten zurück, ging mit mir auf die Party, lernte dort Brenda aus Seattle kennen, von der ich ihm erzählt hatte, und zwei Monate später zog sie bei uns ein. Auch das hätte ich allein nie hingekriegt, also, dass plötzlich eine Amerikanerin einzog. Es wurde sehr lebhaft und ereignisreich, denn oft ist es zu dritt lustiger und einfacher als zu zweit, zumindest beim Wohnen. Im Mai fragte Brenda, ob ich was dagegen hätte, wenn ihre Freundin Annie demnächst für zwei Wochen zu Besuch käme, sie würde gerade ihr Austauschjahr in Paris beenden und würde sich gern vor ihrer Rückkehr in die USA Berlin anschauen. Im Sommer ist man in Berlin gefühlt eigentlich sowieso die meiste Zeit draußen, jedenfalls mit fünfundzwanzig, darum hatte ich nichts dagegen. Im Gegenteil, ich glaube, unbewusst hatte ich spätestens zu diesem Zeitpunkt richtig Gefallen gefunden am Überraschungspotenzial der Mitbewohnerschaft.

Die Freundin aus Paris und ich verstanden uns sehr gut, wir verbrachten viel Zeit zusammen in der Küche, damit Patrick und Brenda ein bisschen Zeit und Raum für sich hatten in seinem Zimmer, das sie ja jetzt zu dritt teilten. Am Abend vor ihrer Abreise fragte ich Annie, ob sie zum Abschied mit mir eine Pizza essen gehen wolle, im Ali Baba in der Bleibtreustraße. Später hat sie erzählt, dass sie es für ein Date eigentlich ein bisschen zu spät fand, nach dreizehn von vierzehn Tagen, aber sie hatte auch keine anderen Pläne.

An die Pizza kann ich mich nicht mehr erinnern, an den Abend nur noch bruchstückhaft, aber am nächsten Mittag wachten wir zusammen auf, und es war klar, dass jetzt der Abschied bevorstand. Ein paar Stunden später stand ich am Fahrkartenschalter am Bahnhof Zoo, um wenigstens ihre letzten Tage, von Freitag bis Sonntagabend, noch mit ihr in Paris zu verbringen.

Wir waren dann vier Jahre zusammen. Jede Mark, die ich in den Neunzigerjahren verdiente, steckte ich in Telefongespräche und Flüge, für ein Jahr lebte sie in Berlin, für ein Jahr ich in Seattle. Wir sind nicht zusammengeblieben, aber Patrick und Brenda haben geheiratet, drei Kinder bekommen und leben seit bald dreißig Jahren zusammen in Seattle. Nach der Schule hat mein Sohn ein Jahr bei ihnen verbracht, er war, wenn man so will, der nächste Mitbewohner in einer langen Geschichte, die aus aus dem einfachen Vorgang des Zusammenwohnens hervorgegangen war.

Falls Sie jetzt an Ihren aktuellen Mitbewohner oder Ihre Mitbewohnerin denken und Ihnen eher ein »Oh mein Gott, bitte nicht« entfährt: Es muss ja nicht so sein, dass man sich auf dermaßen nachhaltige Weise miteinander verwebt. Aber manchmal ist der Gedanke schön, dass sich aus dem Zwangsläufigen (man braucht eine Wohnung, kann sich aber allein keine leisten) etwas unkontrollierbar Gutes ergibt. Vielleicht beim nächsten Mal. Wenn man möchte, fährt immer irgendwo ein metaphorischer Nachtzug nach Paris.

BABYFISCHE:
LEBEN MIT (UND STERBEN VON) HAUSTIEREN

Neulich las ich ein Interview über Haustiere mit dem Erziehungswissenschaftler Ulrich Gebhard von der Universität Hamburg, und seitdem fürchte ich, dass ich ein Unmensch bin. Weil ich den Kindern kein richtiges Haustier angeschafft habe und auch nicht mehr anschaffen werde. Der Erziehungswissenschaftler sagt, es sei inzwischen »sehr gut erforscht«, wie sehr Kinder von Haustieren profitieren: Kinder mit einer engen Bindung an Tiere haben »höhere Empathiewerte«, sie haben »ausgeprägte soziale Fähigkeiten«, sie sind in ihrer Schulklasse beliebter und »können auch besser auf Menschen zugehen«. Meine Kinder sind also gewissermaßen doppelt gestraft: Nicht nur haben sie keine Tiere, ihnen entstehen dadurch womöglich auch noch deutliche soziale Nachteile. Man möchte fast doch ein Pony holen oder zumindest einen Karnickelstall für den Balkon.

Bevor ich erkläre, wie es zu unserer Tierlosigkeit

kam und warum ich den Kindern kein Haustier erlaube, eine Feststellung vorab: Es gibt kein Leben mit Kindern ohne Tiere. Denn selbst wenn man sich gegen Haustiere entschieden hat, bleiben sie als eine Art Phantomschmerz immer präsent. In den sehnsüchtigen Blicken der Kinder auf den an den Straßenrand kackenden Nachbarshund, in ihren vorwurfsvollen Berichten aus dem Sachkundeunterricht, wo alle, »aber auch wirklich alle, Papa«, von ihren Haustieren erzählen sollten, »nur ich hab ja keins«. Sie übertreiben, denn ich kenne ja die anderen tierlosen Eltern. Während die Hunde-Eltern morgens in Rudeln schwarze Beutel schwenkend lange Spaziergänge machen, nicken wir Ohne-Tier-Eltern einander mit leeren Händen und womöglich weniger vollen Herzen knapp und solidarisch zu. Aber dass es sich für die Kinder immer wieder so anfühlt, als wären sie die Einzigen, glaube ich trotzdem sofort.

Ich kann mich immerhin hinter zwei Tatsachen verstecken: Meine Tochter hat eine diagnostizierte schwere Tierhaarallergie, und meine Frau hat eine diagnostizierte schwere Abneigung gegen Tiere im Haus. Tiere kamen in ihrer Herkunftsfamilie einfach nicht vor. Ich dagegen habe im Alter von zwei bis neunzehn Jahren mit Tieren in einer Etagenwohnung gewohnt. Es begann damit, dass die Nachbarin mir nach dem Wurf ihrer Dackelhündin einen Welpen in die Hand drückte, obwohl ich gerade laufen und kaum sprechen konnte, und mir mitteilte, dieses Tier würde nun mir gehören.

Ich war begeistert, meine Eltern zuckten die Achseln und gingen fortan drei- bis fünfmal am Tag mit dem Hund um die vier Ecken. Das war wunderbar, und trotzdem bekommen unsere Kinder kein Haustier.

Denn machen wir uns in einer Hinsicht nichts vor: Kinder lernen durch Haustiere nicht Verantwortung, egal, wie sehr man sich das als Eltern einreden mag. Und egal, wie inbrünstig die Kinder ihre unsterbliche Seele durch falsche Versprechungen aufs Spiel setzen: Nein, sie werden nicht den Käfig sauber machen, sie werden nicht das Wasser im Aquarium wechseln, sie werden nicht die Meerschweinchenkrallen schneiden, sie werden nicht die Futterdosen einkaufen, öffnen und in Näpfe leeren, und sie werden auch nicht an einem Schulmorgen um halb sieben im Schnürregen stehen und den Gassibeutel bereithalten. Zumindest nicht auf Dauer. Weil es entweder ihre Fähigkeiten übersteigt oder weil die beschriebenen Tätigkeiten nun mal überwiegend sehr langweilig und mühsam sind, und Kinder sind ja nicht bekloppt. Sie holen sich vom Haustier eher die ganzen guten Sachen, die Empathiefähigkeit und die Beliebtheit und, wie der Erziehungswissenschaftler Gebhard auch noch sagt, das Sicherheitsgefühl und die Geborgenheit. Der Rest bleibt an den Eltern hängen. Sodass die Kinder am Ende zwar ein Tier bekommen, aber auch regelmäßig einen Anschiss latent dauergenervter Eltern: Du hattest doch versprochen, dass …

Nun hätten wir die Atemwegsprobleme unserer Tochter in Haustierhinsicht natürlich trotzdem durch etwas Unbehaartes wie eine Schildkröte umgehen können, oder durch winterharte Nager auf dem Balkon. Ich persönlich liebe Tiere, aber ich liebe auch meine Freiheit. Und ich liebe mein seelisches Gleichgewicht. Aus meiner Kindheit erinnere ich mich daran, dass Haustiere beides gefährden. Diese Erinnerung konnte ich auffrischen, als meine Frau zwischendurch den Fischkompromiss vorschlug. Warum sollte unser Sohn für die Allergie seiner Schwester büßen, und interessierte er sich mit acht nicht gerade ganz wunderbar für Meerestiere? Ich persönlich hatte keine Erfahrung mit Fischen, aber es stellte sich heraus, dass Fische die einzigen Tiere waren, die je im Haushalt meiner Frau vorgekommen waren. Ihre Schwester hatte welche gehabt, sagte meine Frau, »und das war völlig unproblematisch, und wenn man so Putzerwelse oder so was nimmt, muss man auch gar nicht viel sauber machen«.

Ich habe meiner Frau immer vertraut und werde das sicher auch irgendwann wieder können, aber die vier Jahre mit Fischen bzw. die zweieinhalb Jahre mit Fischen und die anderthalb Jahre mit Restfischen waren für mich als Fischvater außerordentlich gefühls- und arbeitsintensiv. Der Achtjährige war mit dem Wasserwechsel und der doch recht aufwendigen Instandhaltung des Aquariums technisch überfordert, also sprang ich kurzerhand ein und kam fortan nie wieder raus aus der Nummer. Das Kind übernahm allerdings den größeren Teil der, wenn man so will, emotionalen Arbeit: Anfangs hatten alle über zwanzig Fische im Aquarium eigene Namen, und jeder einzelne Todesfall wurde völlig zu Recht tief betrauert.

Nur: Fische sterben wie die Fliegen. Jede Urlaubsrückkehr wurde zum Drama. Zwar hatten die Nachbarn oder der Futterautomat die Fische versorgt, aber was, wenn diese Versorgung nicht lebenserhaltend genug gewesen war? Kaum hatten wir das Auto geparkt, rannte das Kind zu den Fischen. Wenn ich je einen kurzen, kritischen Aquariums-Ratgeber schreiben sollte, werde ich ihn »Schreie aus dem Kinderzimmer« nennen.

Es gab natürlich auch sehr schöne Stunden mit dem Aquarium, zum Beispiel, wenn wir abends davorsaßen, den Fischen bei ihren erstaunlich abwechslungsreichen Aktivitäten zusahen oder als wir einen größeren Wurf Babyfische davor retteten, von ihren Eltern gefressen oder von der Pumpe eingesaugt zu werden. Wobei.

»Nein«, rief ich über die Schulter Richtung Kinderzimmer, während ich beim Reinigen der Aquariumspumpe drei oder vier Babyfische in den Ausguss des Badezimmerwaschbeckens spülte, »in der Filterpumpe waren keine Babyfische mehr!« »Schwörst du?«, rief mein Sohn aus dem Kinderzimmer. »Ich schwöre«, rief ich und sah zu, wie der letzte Babyfisch mit ahnungslos heiterem Flossenschlag im dunklen Schlund des

Waschbeckens verschwand. Ich glaube, es gilt nicht als Schwören, wenn man über die Schulter ruft; Schwüre müssen mit fester Stimme in Zimmerlautstärke abgelegt werden, um volle Gültigkeit zu erlangen. Dennoch: Was für ein Mensch tötet die neugeborenen Babyfische, die sich in die Aquariumspumpe vor den hungrigen Mäulern ihrer kannibalischen Eltern gerettet haben, und belügt dann auch noch sein Kind über diesen herzlosen Sachverhalt?

Die Antwort ist einfach: ein Mensch, dessen Kinder ein Aquarium haben. Ein Mensch, der über die vergangenen Wochen Stunden in unbequemer Haltung vor dem Aquarium gekniet und Dutzende anderer Babyfische behutsam einzeln mit dem Schlauch angesaugt und in kleine Aufzuchtbecken gesetzt hat, kurz: ein Mensch, der mit seinen Kräften am Ende ist. Mit anderen Worten: ich.

Zum Glück verlor das älter werdende Kind das Interesse an dem, was es sich einst so tief gewünscht hatte, und spätestens zu diesem Zeitpunkt war ich Aquarianer wider Willen. Ich zählte die Fische runter, aber die letzten drei Neons wollten ewig leben. Ich half ihnen in eine Wassertüte und ging zum Zoogeschäft, in der Hoffnung, man würde sie zurücknehmen und in einen Schwarm lassen. »Na gut, geben Sie mal her«, sagte der junge Mann, aber sein Blick sagte: Ich spül die für Sie das Klo runter. Darum fuhr ich mit der Fischtüte im Sommer in den Park und ließ die drei Neons in einem kleinen Weiher frei. Artgerecht nur, was meine Art anging: die des für Tiere im Grunde zu sentimentalen Menschen.

Mit jedem Tier holt man sich also den Tod ins Haus. Denn man hat ja keinen Elefanten, der einen überleben wird. Selbst ein Pferd stirbt spätestens in einem Alter, in dem Politikerinnen und Schriftsteller noch als Nachwuchshoffnung gelten, mit vierzig. Meine Schwester und ich hatten insgesamt einen Hund, zwei Mäuse, zwei Vögel, zwei oder drei Meerschweinchen (ich schäme mich, dass ich hier den Überblick verloren habe), und alle diese Tiere sind tot. Wenn ich ehrlich bin, erinnere ich mich am deutlichsten an die Sterbephase und die Beerdigungsrituale all dieser Tiere, und ich gebe durchaus zu, dass gerade die Beisetzungen schön waren. Aber der Weg dahin war immer wieder furchtbar. All die Besuche in der Veterinärpraxis für Kleintiere am anderen Ende der Stadt, wo die Ärztin versuchte, den mir so wundersam zugeflogenen Kanarienvogel Fridolin mit kostspieligen Vitaminpräparaten wieder aufzupäppeln. Um nur ein Beispiel zu nennen. Und: Ich habe meinen Vater nur zweimal weinen gesehen, und das eine Mal war, als unser Hund starb. Will ich mir das ins Haus holen?

Nun gibt es die Sichtweise, dass gerade dies so groß und wichtig am Tierehaben ist: Kinder lernen, mit der Endlichkeit und mit Abschieden umzugehen. Ist es egoistisch, dass ich lieber ohne Haustierlogistik in den Urlaub fahren will, statt meine Kinder am lebenden Objekt mit dem Prinzip Sterblichkeit vertraut zu machen?

Das mag sein, und nach über neunzehn Jahren als außer Fische haustierloser Familienvater würde ich inzwischen sagen: Und ich stehe zu diesem Rest Egoismus. Meine Frau hat sich mit dem Thema Tiere im Haus nie ernsthaft auseinandersetzen müssen, weil es für sie einfach keins ist. Ich bin im Herzen jemand, der Kühe auf der Weide ankumpelt und der um die Zuneigung jeder Nachbarskatze buhlt. Darum muss ich am Ende vielleicht einfach zugeben: Ich mag Tiere, aber ich habe keine zu Hause, weil ich zu bequem, zu empfindlich und zu bedacht auf meine Bewegungsfreiheit und Zeitautonomie bin. Und eines Tages werde ich einen Experten oder eine Expertin finden, die mir bestätigt, dass haustierlose Kinder mehr Frustrationstoleranz, mehr Zeit für ihre Freundinnen und Freunde und zufriedenere Eltern haben.

Das wird dann vermutlich auch der Moment sein, wenn ich mir nach aller Abwehr von klassischen Haustieren fünf Hühner, drei Ziegen, zwei Schafe und einen Esel anschaffe, aber das wird eine ganz andere Geschichte.

STADT, LAND, SCHLUSS:
WOHNEN IST UNTERWEGS SEIN

Ich fange langsam an, liebevoll übers Alter zu schwadronieren. Meine Frau und ich reden darüber, was wir in den nächsten zehn, zwanzig Jahren vielleicht verändern wollen, um dann, wenn wir noch älter sind, so zu wohnen, wie wir es schön finden. Zukunftsträumerei, die die Gegenwart angenehmer macht, die Nähe und Gemeinsamkeit schafft. Das hört sich an wie ein Bauspar-Slogan, und entsprechend solide sind auch unsere Fantasien: mehr im Grünen wohnen, mit Blick, mit Ruhe, ein paar Hängebauchschweinen, zwei Ziegen und einem Schaf namens Professor Pulli (die Anzahl der von mir angestrebten Tiere variiert).

Gut, das mit den großen Haus- oder besser gesagt Hoftieren ist meine Fantasie, und daran hätte ich merken müssen, dass ich die Vorstellung, aufs Land zu ziehen, doch eher irreal finde. Also, nicht so real wie meine Frau. Landliebe ist für mich eine heitere Gedankenspielerei, keine In-fünf-bis-zehn-Jahren-Realität. Dies wird mir immer klarer, je konkreter die Ideen meiner Frau werden: Wann man das machen, wie man das finanzieren könnte und wie schön das wäre.

»Aber«, brach es aus mir heraus, »ich möchte eigentlich immer irgendwo wohnen, wo man zu Fuß zum Supermarkt gehen kann. Und zum Bäcker.« Es ist richtig, ich sprach nicht über die Verfügbarkeit von Kinos oder Museen, ich esse nun mal gern im Gehen Backwaren und möchte gern spontan bis 23 Uhr noch etwas einkaufen. Und, ja, das auch, nicht mit dem Auto oder der Regionalbahn zum Kino oder Museum fahren müssen. Plötzlich spürte ich, dass mir das sehr, sehr wichtig ist, wichtiger als Landruhe und ein Blick ins Grüne. Wichtiger, ich schluckte, als ein Schaf namens Professor Pulli. Ich kenne mich sowieso gar nicht aus mit Schafen.

Sehr viele deutschsprachige Romane, Zeitschriften und Abendessen der letzten zehn Jahre handeln von der Sehnsucht nach dem Land. Ich habe mich davon immer mitreißen lassen, ohne darüber nachzudenken. Es klingt ja auch erst mal so unwiderlegbar anziehend alles, die gute Luft, der Sternenhimmel, das majestätische Desinteresse der Kühe am Wegesrand. Es scheint ganz klar, wie gut uns allen das tun würde, warum also nicht mir. Ich glaube, ich wollte die gemütliche Wagenburg der gemeinsamen Landbegeisterung nicht verlassen, solange es ein liebenswertes Rumspinnen war. Aber jetzt, wo es womöglich ernst werden könnte, eines Tages, merke ich: Ich schaue gern auf Fassaden, ich habe gern festen Boden unter den Füßen, und zwar aus Gehwegplatten, die ich nicht selbst verlegt habe. Ich mag Ampeln, U-Bahn-Stationen, das warme Gebläse an Kaufhauseingängen, links gehen auf Rolltreppen, die Feierabenddrängelei beim Gemüseladen an der Ecke, das Seufzen anhaltender Busse, die Fußgängerzone am Sonntagmorgen. Vielleicht, weil mir das alles mein Leben lang vertraut ist. Vielleicht, weil das, was anderen unbequem und belastend erscheint, meine Komfortzone ist. Ich habe in den letzten Jahren so viele metaphorische Komfortzonen verlassen, da möchte ich in dieser einen, räumlichen, gern bleiben.

»Oh nein«, sagt meine Frau und hakt mich fester unter, während wir, auf ihren Wunsch im Grünen, spazieren gehen: »Unsere Träume gehen auseinander!«

Sie sagt es mit dieser scherzhaften, etwas übertriebenen Verzweiflung, die in Wahrheit eine tiefe Zuversicht ist. Nämlich die, dass wir trotzdem etwas finden werden, was uns beide glücklich macht. Und zwar keinen faulen Kompromiss wie ein Schaf in der Etagenwohnung oder ein Berlin-Wandtattoo in der Holzhütte. Sondern das, worum es beim Wohnen eigentlich geht, egal, ob man allein, zu zweit, in einer verwandten oder einer gesuchten Familienkonstellation oder sechs Monate in einer Forschungsstation in der Antarktis ist:

nicht zu erstarren, sich nicht abzufinden. Sondern in einem niemals endenden Austausch darüber zu bleiben, wie wir leben und wohnen wollen.

EIN BLICK IN DIE VORRATSKAMMER: **WEITERFÜHRENDES AUS KUNST UND KULTUR**

Eigentlich ist mir erst bei der Arbeit an diesem Buch so richtig klar geworden, wie sehr das Thema Wohnen sich auch durch die Bücher und Filme zieht, mit denen ich meine Zeit verbringe. Und wie sehr meine Vorstellung nicht nur vom Leben, sondern tatsächlich auch vom Wohnen geprägt ist durch die Geschichten, die ich lese, sehe und höre.

Zum Beispiel hat der japanische Regisseur Yasujiro Ozu nach dem Zweiten Weltkrieg so etwas wie ein eigenes Genre mit Wohnfilmen begründet. Zwar handeln Werke wie *Später Frühling*, *Weizenherbst*, *Der Geschmack von grünem Tee über Reis* oder sein vielleicht berühmtester Film *Tokyo Story* davon, wie Menschen versuchen, ihre unterschiedlichen Vorstellungen davon zu vereinbaren oder voneinander abzugrenzen, wie man lebt und liebt. Aber Ozu zeigt dies vor allem daran, wie die Menschen wohnen. Das Nebeneinander von Tradition und Moderne in den Haushalten, wo die Eltern auf Tatami-Matten auf dem Boden sitzen, während ihre erwachsenen Kinder im gleichen Haus, in der gleichen Wohnung westlich eingerichtete Zimmer mit Tischen und Stühlen haben. Nähe entsteht, weil ein gealterter Vater und eine erwachsene Tochter auf ihrer Reise im Gästezimmer ihre Futons selbstverständlich nebeneinander auf dem Boden ausrollen und so, durch diese räumliche Nähe, eigentlich gar nicht anders können, als im Dunkeln darüber zu sprechen, ob und wen die Tochter heiraten soll. Eigentlich handeln alle Filme dieses berühmten Regisseurs davon, wer mit wem zusammenwohnen soll, und wie.

1975 drehte die damals vierundzwanzig Jahre alte belgische Regisseurin Chantal Akerman einen Wohn-Film, der formal eine gewisse Ähnlichkeit mit den Filmen von Ozu hat: vor allem durch die feste Kamera, die immer die gleichen Ausschnitte von Wohnräumen zeigt. Akermans Film *Jeanne Dielman, 23, quai du Commerce, 1080 Bruxelles* erzählt in über drei Stunden den Alltag und den kompletten Kontrollverlust einer Brüsseler Hausfrau in langen, ungeschnittenen Szenen ihrer alltäglichen Wohnhandgriffe. Vom Zusammenschieben des Klappbetts übers Handfiltern des Kaffees bis hin zu einer Schnitzelpanier-Sequenz, die länger ist als heute jedes Kochtutorial. Der Effekt beim Zuschauen ist, dass man im Grunde anfängt, mit der von Delphine

Seyrig dargestellten Hauptfigur zu leben, zu wohnen. Man erlebt ganz unmittelbar mit, wie eine Wohnung Schutzraum und Gefängnis zugleich sein kann, und wie Jeanne Dielman sehnt man sich zugleich danach, dass sich nie etwas ändert und dass alles endlich aufhört.

Die schönsten Bilder übers Einziehen und Ankommen gibt es beim Anime-Regisseur Hayao Miyazaki vom Studio Ghibli. *Mein Nachbar Totoro* beginnt mit einer langen Sequenz, in der zwei Mädchen, Satsuki und ihre kleine Schwester Mei, mit ihrem Vater in einem überladenen Umzugswagen aufs Land ziehen und sich dort das von guten Geistern bewohnte Haus erobern. Sie sind beschwert von der Sorge um ihre kranke Mutter, die in der Nähe im Sanatorium liegt, aber erst mal überwiegt die Aufbruchstimmung des Einziehens und Ankommens. Mein Lieblingsfilm von Miyazaki und vielleicht mein liebster Film überhaupt ist *Kikis kleiner Lieferservice*. Er beginnt damit, dass die junge Hexe Kiki mit ihrem Kater Jiji von zu Hause auszieht, weil sie dem Brauch zufolge ein Jahr in einer fremden Stadt verbringen muss. Wie sie diese Stadt findet und wie sie sich den Dachboden über einer Bäckerei als Zentrale ihres besengetriebenen Lieferdienstes einrichtet – das sind scheinbar beiläufige Bilder, aber sie berühren das zentrale Thema des Filmes stärker als etwa die dramatischen Actionszenen mit einem abstürzenden Luftschiff. Indem Kiki einen Raum zum Wohnen findet, schafft sie sich einen Platz in der Welt.

Ein bisschen schwerer zu finden als die Klassiker von Ozu, Akerman und Miyazaki ist ein aktueller Film von Céline Sciamma, die vor einigen Jahren mit *Porträt einer jungen Frau in Flammen* weltberühmt wurde. Er heißt *Petite Maman – Als wir Kinder waren* und handelt davon, wie ein Paar mit seiner achtjährigen Tochter Nelly das Haus der verstorbenen Großmutter ausräumt, in dem Nellys Mutter als Kind aufgewachsen ist. In einer seltsamen, aber aus Kinder- und Filmsicht ganz schlüssigen Überlagerung trifft Nelly im angrenzenden Wald ihre eigene Mutter als Achtjährige, und die beiden werden für die Tage der Haushaltsauflösung beste Freundinnen. Mich hat sehr berührt, wie der Film die seltsame Überlagerung von Gegenwart, Vergangenheit und Zukunft einfängt, die entsteht, wenn man an einem Ort ein- oder auszieht, wo es schon eine Geschichte gibt. Und wie wir gar nicht anders können, als uns beim Aus- und Einziehen immer wieder in einen Zeitstrom zu begeben, der nicht nur unser eigener ist, und wie wir damit Teil von etwas Größerem werden.

Dem Berliner Zeichner und Autor Heinrich Zille wird der berühmte Satz zugeschrieben: »Man kann mit einer Wohnung einen Menschen genauso gut töten wie mit einer Axt.«* Der Satz bezieht sich auf die men-

---

* Unter anderem von seiner Tochter Margarete Köhler-Zille. Aber der Reichstags-Abgeordnete Albert Südekum von der SPD hat schon

schenfeindlichen Mietskasernen, wo arme Menschen beengt in Dunkelheit und feuchter Kälte in den hintersten Höfen der Großstädte wohnten. Daran, dass wohlhabende Menschen schön und gesund wohnen, während arme Menschen ungesund und grausam wohnen, hat sich seitdem nichts geändert.

Ich muss an diesen Satz aber auch denken, wenn ich die Romane der englischen Schriftstellerin Anita Brookner lese. Die Bücher, die sie in den Achtziger-, Neunziger- und frühen Zweitausenderjahren geschrieben hat (zum Beispiel *Ein Start ins Leben*, *Eine Mesalliance* und *Seht mich an*) handeln von Menschen, die nicht oder viel schwerer, viel später als andere ins Leben finden. Weil ihre Eltern, ihre Familie, ihre Ehe oder ihre Persönlichkeit sie zurückhalten. Oder ihre Wohnung. Düster, mit schweren Möbeln aus der Vergangenheit zugestellt; teuer und in viel zu lauten Farben, mit zu viel Gold und Bronze. Wohnungen sind bei Brookner nicht nur Spiegel der Seele, sondern der Bedingungen, unter denen Menschen leben und aus denen sie sich nicht befreien können. Begegnungen mit Nachbarinnen sind bei ihr schicksalhaft, und die Frage, ob man beim Besuch eine selbst gemachte Gemüseterrine oder etwas von Fortnum & Mason mitbringt, sagt alles über die Figuren und ihr Verhältnis zueinander. Das klingt klein, aber in

1908, elf Jahre vor der ersten Zille-Zuschreibung, eine Arbeit über großstädtisches Wohnungselend damit eingeleitet.

Wahrheit ist es so groß wie das Leben, das wir selber führen.

Tröstlicher finde ich im Bereich der Wohnweltliteratur eigentlich nur die japanische Schriftstellerin Yuko Tsushima. Ihre auf Deutsch oder Englisch übersetzten Romane und Kurzgeschichten handeln so gut wie alle von Müttern, die sich entschieden haben, ihre Kinder allein zu bekommen und allein zu erziehen, gegen alle gesellschaftlichen und familiären Konventionen. Tsushima würdigt dabei mit jedem Kapitel, welche entscheidende Rolle dabei die Wohnverhältnisse ihrer Protagonistinnen spielen. Zum Beispiel in *Räume des Lichts*. Die Heldin Koko ist zwar nach allen gängigen Sichtweisen ihrer Zeit und ihrer Welt eine Versagerin, als Frau und Mutter. Aber sie hat eine träumerische Beharrlichkeit, mit der sie für sich und ihr Kind eine lichtdurchflutete Wohnung auf dem Dach eines kleinen Bürogebäudes in Tokio findet. Licht ist zwar eine naheliegende Metapher für Lebenskraft und Lebensfreude, aber was Tsushima daraus in diesem Buch macht, in dem fast nichts passiert, außer, dass Koko und ihre Tochter wohnen – das hat mich mit einer Aufbruchstimmung und einem Glücksgefühl durchströmt, wie ich es beim Lesen trotz aller Liebe selten erlebe.

Und natürlich mag ich auch Romane über Häuser, in denen es spukt. Entweder weil die Menschen, die dort leben, die Vergangenheit nicht loslassen können, oder wegen tatsächlicher Geister (womöglich ist diese

Unterscheidung überflüssig). Glücklicherweise ist in den letzten Jahren die US-amerikanische Autorin Shirley Jackson wiederentdeckt worden. Kein Buch, das ich kenne, beschreibt eindrücklicher und rührender, wie Menschen an dem Ort, dem Haus, den Zimmern festhalten, wo ihnen der größte Schmerz zugefügt wurde und wo sie am meisten gehofft haben, wie *Wir haben schon immer im Schloss gelebt*. Die Netflix-Verfilmung ihres Klassikers *Spuk in Hill House* war zwar unterhaltsam, hatte mit der Vorlage aber nicht so viel zu tun. In der ist das Spukhaus nämlich eher eine äußere Metapher für die innere Unzufriedenheit und Zerrissenheit der Protagonistin. Das kam mir beim Lesen ziemlich bekannt vor. Ich habe zwar noch nie in einem Spukhaus gelebt, aber als ich während meines Zeitungspraktikums Ende der Achtzigerjahre im Zonenrandgebiet von Nordfranken im dunklen Souterrain eines Fertighauses saß und Heimweh nach meinen Freundinnen und Freunden in Berlin hatte, fand ich auch, dass meine dunkel möblierte Einliegerwohnung eine gute Metapher für mein Inneres war. An die Tür des weißen Hängeschranks in der Küche hängte ich mir ein Poster von Neneh Cherry, weil es für mich der größtmögliche Kontrast zu meiner Wohnumgebung war, es spendete mir Trost beim Frühstück mit Blick auf die Grasnarbe.

Es gibt auch Bilder von eigentlich schmucklosen, halb verlassenen Wohnungen, die tröstlich sind. Ich finde die

Gemälde sehr schön, die der dänische Maler Vilhelm Hammershøi gegen Ende des neunzehnten Jahrhunderts von fast möbel- und fast menschenleeren Kopenhagener Wohnungen gemalt hat. Diese stillen Räume, in denen die Türen zwar weiß, das Licht aber erd- oder schlammfarben ist, wo man das Holz des Dielenbodens zu riechen meint, den Staub in der Luft, erfüllen mich mit einer friedlichen Melancholie und dem Wunsch, einfach nur dazusitzen. Sie zeigen mir, dass unsere Wohnwelten am Ende zwar immer begrenzt sind und vielleicht kleiner, improvisierter, weniger heimelig, als wir es uns wünschen, aber dass wir sie immer wieder aufs Neue mit Leben füllen und dass sie voller Möglichkeiten sind.

Als mein Vater und seine Frau vor vierzig Jahren in die Wohnung in Berlin-Wilmersdorf zogen, in der sie immer noch leben, fingen sie an, an der Wand über ihrem

Bett Fensterbilder zu sammeln. Diese Wand fängt die Stimmung der Bilder von Vilhelm Hammershøi ein, auch wenn kein einziges von ihm darunter ist. Vor allem aber gefällt mir daran etwas scheinbar Paradoxes, das für mich zusammenfasst, wie Wohnen und Leben gelingen kann: indem man sich drinnen wohl genug fühlt, um zuversichtlich nach draußen schauen zu können.

QUELLEN

Chantal Akerman: *Jeanne Dielman, 23, quai du Commerce, 1080 Bruxelles*, Spielfilm, Belgien 1975.

Anita Brookner: *Ein Start ins Leben*, Eisele 2018 (Original 1981), Ü: Wibke Kuhn.

Anita Brookner: *Eine Mesalliance*, Eisele 2021 (Original 1983), Ü: Herbert Schlüter.

Anita Brookner: *Seht mich an*, Eisele 2023 (Original 1986), Ü: Herbert Schlüter.

Johann Wolfgang von Goethe: *Im Atemholen sind zweierlei Gnaden*, in: *West-östlicher Divan, Berliner Ausgabe*, Band 3, Seite 12, Aufbau Verlag 1960 (Original 1819, erweitert 1827).

heinrich-zille.info: *Man kann mit einer Wohnung einen Menschen genauso gut töten wie mit einer Axt*, Quellenanalyse, 9. 1. 2024, heinrich-zille.info / man-kann-mit-einer-wohnung-einen-mensch-genau-so-gut-toeten-wie-mit-einer-axt [zuletzt abgerufen am 14. 4. 2024].

Shirley Jackson: *Spuk in Hill House*, Festa 2019 (Original 1959), Ü: Eva Brunner.

Shirley Jackson: *Wir haben schon immer im Schloss gelebt*, Festa 2019 (Original 1962), Ü: Eva Brunner.

Marie Kondō: *Magic Cleaning: Wie richtiges Aufräumen Ihr Leben verändert*, Rowohlt 2013 (Original 2011), Ü: Monika Lubitz.

Felix Krämer, Naoki Sato, Anne-Birgitte Fonsmark: *Vilhelm Hammershøi*, Verlag Hamburger Kunsthalle 2003.

Loriot: *Fernsehabend*, Kurzfilm, aus der Sendereihe *Loriot*, Folge 3, Erstausstrahlung am 16.5.1977, ARD.

Hayao Miyazaki: *Mein Nachbar Totoro*, Zeichentrickfilm, Japan 1988.

Hayao Miyazaki: *Kikis kleiner Lieferservice*, Zeichentrickfilm, Japan 1989.

Yasujiro Ozu: *Später Frühling*, Spielfilm, Japan 1949.

Yasujiro Ozu: *Weizenherbst*, Spielfilm, Japan 1951.

Yasujiro Ozu: *Der Geschmack von grünem Tee über Reis*, Spielfilm, Japan 1952.

Yasujiro Ozu, *Tokyo Story*, Spielfilm, Japan 1953.

Deborah Padgett, Benjamin Henwood, Sam Tsemberis: *Housing First: Ending Homelessness, Transforming Systems, and Changing Lives*, Oxford University Press 2015.

Anna Priebe: *Hund, Katze, Kind – Interview mit Erziehungswissenschaftler Prof. Dr. Ulrich Gebhard zur Beziehung von Kindern und Tieren*, Webseite der Universität Hamburg, 25.10.2017, www.uni-hamburg.de/newsroom/forschung/2017-25-10-tierisch-gut-rvl.html [zuletzt abgerufen am 14.04.2024].

Gerhard Schröder: *Entscheidungen: Mein Leben in der Politik*, Hoffmann & Campe 2006, S. 354.

Céline Sciamma: *Petite Maman – Als wir Kinder waren*, Spielfilm, Frankreich 2021.

Timothy Snyder: *Über Tyrannei: 20 Lektionen für den Widerstand*, C. H. Beck 2023 (Original 2017), Ü: Andreas Wirthensohn, S. 79.

Anke Stelling: *Bodentiefe Fenster*, Verbrecher Verlag 2015, S. 52.

Frank Swain: *Fresh air and sunshine: The forgotten antibiotics*, in: *New Scientist*, Ausgabe 11.12.2013, www.newscientist.com/article/mg22029470-700-fresh-air-and-sunshine-the-forgotten-antibiotics/ [zuletzt abgerufen am 14.4.2024].

Yuko Tsushima: *Räume des Lichts*, Arche Literatur Verlag 2023 (Original 1979), Ü: Nora Bierich.

Virginia Woolf: *Ein eigenes Zimmer*, S. Fischer 2019 (Original 1929), mit einem Vorwort von Margarete Stokowski, Ü: Heidi Zernig, S. 34.

Anne Zuber: *Nie wieder bodentiefe Fenster!*, in: *Stern*, Ausgabe 38/2008, *Stern-Journal Wohndesign*, S. 24.

DANKE

Giulia Becker und Chris Sommer machen den sehr beliebten Podcast *Drinnies*, und als ich Giulia fragte, ob es sie stört, wenn dieses Buch so ähnlich heißt, sagte sie, sie hätte 2020 sogar einmal für das ZDF eine Serie namens *Drinnen* geschrieben, aber es würde sie trotzdem überhaupt nicht stören. Erika und Bernd Raether haben mir erlaubt, ihre Schlafzimmerwand zu fotografieren. Passagen einiger Kapitel sind in anderer Form im *Süddeutsche Zeitung Magazin*, in *Süddeutsche Zeitung Familie*, im *Elbphilharmonie Magazin* und in *Brigitte Woman* und *Brigitte Mom* erschienen, ich danke den Redakteurinnen und Redakteuren.

TILL RAETHER, geboren 1969, hat in Koblenz, Bonn, Lochham, Coburg, New Orleans, Seattle und die längste Zeit in Berlin und Hamburg gewohnt, genauer gesagt in Zehlendorf, Wilmersdorf, Prenzlauer Berg, Niendorf, Eimsbüttel, Eppendorf, Bahrenfeld und Ottensen. Er hat sieben Kriminalromane über den Hamburger Kommissar Adam Danowski geschrieben, sie werden für das ZDF mit Milan Peschel in der Hauptrolle verfilmt. Sein Essay *Bin ich schon depressiv, oder ist das noch das Leben?* stand mehrere Wochen auf der SPIEGEL-Bestsellerliste, sein Roman *Die Architektin* erhielt 2023 den Hamburger Literaturpreis als »Buch des Jahres«. Zuletzt erschienen von ihm *Hab ich noch Hoffnung, oder muss ich mir welche machen?* und *Danowski: Sturmkehre*.